Destination Antilles

Précis pour s'installer en Guadeloupe

Édition : BoD · Books on Demand GmbH, In de Tarpen 42,
22848 Norderstedt (Allemagne)
Impression : Libri Plureos GmbH, Friedensallee 273,
22763 Hamburg (Allemagne)

ISBN : 978-2-3225-3503-3
Version 2 – novembre 2024
Dépôt légal : février 2023

Avant-propos

Vous projetez de vous installer en Guadeloupe, je vous encourage à poursuivre cette belle idée. Suite à cette décision, vous avez défini un certain nombre de critères positifs qui n'appartiennent qu'à vous, bien que beaucoup soient partagés par d'autres : le climat, la mer, la flore, une vie moins stressante, etc. La plupart des raisons vous animant sont les moteurs qui vous aideront dans votre démarche.

Vivre sous les tropiques nécessite de tenir compte des spécificités locales, en particulier la chaleur, l'humidité, la faune et la flore. La Guadeloupe est un département et une région française, un archipel assez grand aux paysages variés avec des plages immenses ou confidentielles, des forêts tropicales pour des randonnées inoubliables, des fleurs fantastiques riches en couleurs, une faune surprenante.

Pour beaucoup, l'image de vacances permanentes aux Antilles motive la décision de s'y installer, cependant établir sa résidence dans un lieu de villégiature aboutit à une vie très différente de celle vécue lors d'une période de congés. J'énonce là une vérité bien banale, mais je serais fautif de ne pas la rappeler. Un point auquel vous devez apporter votre attention.

Au-delà de vos aspirations et motivations, que je respecte totalement, je propose grâce à ce livre d'améliorer votre préparation au changement afin de limiter les embûches et éviter les déceptions, surtout si vous quittez pour la première fois le continent afin d'élire domicile dans les îles.

Vous l'avez compris, vous ne trouverez pas dans cet ouvrage un énième guide touristique de la Guadeloupe, il ne présente pas toutes les facettes attractives de ce magnifique chapelet d'îles. Vous les avez déjà décelées ou vous les découvrirez en l'habitant. Les nombreuses évolutions de la Guadeloupe peuvent rendre obsolètes certaines informations portées ici. Toutefois beaucoup resteront encore longtemps pertinentes.

L'ouvrage entre vos mains énonce sous la forme de fiches thématiques des conseils et des réponses aux questions qui pourraient vous préoccuper avant votre départ, puis pendant vos premiers pas en Guadeloupe. Certaines de ces fiches contiennent des liens vers des sites Internet, doublés par un QRCode. Toutefois, l'évolution des sites pouvant mener ces liens vers des pages inexistantes, une recherche Internet sur le sujet vous fera découvrir aisément d'autres informations pertinentes.

Vous ne trouverez pas de fiches sur des sujets qui sont communs à tous les déménagements : vendre son logement, donner congé si vous être locataire, quitter son emploi, assurer les suivis administratifs, etc. La Guadeloupe est un département français, toutefois la carte d'identité de tous les membres de la famille vous sera demandée pour voyager depuis la métropole vers les Antilles.

Vous êtes attirés par d'autres îles ? Poursuivez votre lecture, ce que vous découvrirez dans ces pages s'applique aussi en grande partie à d'autres îles tropicales, comme la Martinique et la Réunion.

Note sur la version 2 : ce livret a été revu afin d'intégrer des informations complémentaires et d'ajouter de nouvelles fiches de conseils.

À l'attention   des lecteurs de la première version : la numérotation des fiches n'est pas modifiée.

Fiche n°1 - Préparation du départ

Que vous soyez au stade de la réflexion sur l'opportunité de vous installer en Guadeloupe ou que votre décision soit prise, vous devez résoudre de potentielles difficultés sur les besoins basiques : de quoi vais-je vivre, où vais-je vivre ? En gros, manger et dormir.

Moyens de subsistance

La situation idéale consiste à obtenir une mutation qui combine de nombreux avantages : pas de recherche d'emploi, aides financières au déménagement et au logement. Si vous n'êtes ni dans le cas d'une mutation, ni retraité, ni rentier, il vous faudra exercer un métier en tant qu'employé, chef d'entreprise ou travailleur indépendant. Dans ce cas, affinez votre orientation professionnelle en analysant le marché de l'emploi. Le taux de chômage est bien plus élevé qu'en métropole, entraînant des salaires plus faibles et un nombre de jobeurs[1] important. Plusieurs sites fournissent des données et des statistiques permettant de vous situer professionnellement :

– Le marché du travail

https://guadeloupe.deets.gouv.fr/marche-du-travail.3997

---

[1] Travailleurs à l'activité non déclarée.

— Enquête sur le besoin de main-d'œuvre
https://statistiques.pole-emploi.org/bmo

— Salaires moyens en Guadeloupe
https://www.top-metiers.fr/salaire-moyen-metiers-qui-recrutent-en-guadeloupe

— Météo de l'emploi en Guadeloupe
https://www.francetravail.fr/region/guadeloupe/meteo-de-lemploi.html?fbclid=IwAR1ZiCtPzHRdHjI802-u2BxOLoh5ukDQTeUssQb1QlzpH5660RQnohJ4etA

Logement

Parmi toutes les étapes importantes à franchir, l'une est impérative : trouver un pied à terre sur l'île avant le départ. L'entreprise se révèle difficile à distance, les offres de location longue durée sont quasiment inexistantes sur Internet. Vous avez la possibilité d'acheter ou louer à distance, mais avec un lot de surprises qui peut se révéler très désagréable.

4

La location saisonnière comprend des tarifs prohibitifs pour une longue durée. Cependant, elle reste l'unique solution si vous ne possédez pas d'un contact sur place pour effectuer les recherches en votre nom. Si vous devez partir en famille, je conseille qu'un seul des parents vienne et loue un studio, plus économique. Ainsi, pendant quelques semaines de location, il pourra rechercher un logement longue durée adapté à toute la famille.

La fiche n°4 est consacrée à la recherche d'un logement.

Fiche n°2 - Que faut-il importer de métropole ?

Une fois la décision de partir arrêtée, se pose la question de ce que vous emmènerez sur l'île. Vous devez réfléchir à l'utilité réelle de vos possessions pour votre nouvelle vie, en particulier pour les plus encombrantes et leur adaptation au climat.

Dans le cas d'un déménagement depuis la France métropolitaine, vous n'aurez pas de droits à payer pour toutes vos affaires (mobilier, véhicule, électroménager, etc.) à condition de vous munir d'une attestation de déménagement fournie par la mairie de votre domicile de départ. Ce document vous sera demandé par les services des douanes. Si vous devez importer d'autres affaires par la suite, vous devez lister tout ce que vous ferez venir dans les six mois qui suivent votre déménagement, et le signaler à la douane dès votre arrivée. Au-delà des six mois, l'exonération de taxes n'est plus possible, ainsi que pour tout ce qui n'a pas été listé préalablement.

– Douane en Guadeloupe
https://www.douane.gouv.fr/particuliers/vous-etes-en-outre-mer/guadeloupe-preparer-son-arrivee-ou-son-retour-sur-le-territoire

Au vu des évolutions au cours des années, de la concurrence, des aides et des coûts d'importation, comparez les tarifs ou demandez des devis (par exemple pour un véhicule) avant d'opter pour un achat sur place ou une importation.

Envoyez vos affaires volumineuses par bateau, en louant un conteneur ou un volume dans un conteneur partagé. Les prestataires sont nombreux, mais seule la compagnie CMA-CGM assure la liaison métropole-Guadeloupe. Vous pouvez traiter directement avec cette société ou faire appel à un prestataire qui offre des services complémentaires, tels la prise en charge au domicile, l'assurance et le dédouanement.

Pour analyser l'intérêt du transport en conteneur de vos biens, prenez en compte ce coût en le mettant en relation avec le prix du matériel embarqué, sauf pour les documents administratifs à conserver impérativement et les objets auxquels vous êtes très attachés affectivement.

Sauf à s'installer sur les hauteurs de l'île, oubliez les couettes, couvertures... et bouillottes ! Une seule couette par lit permet de passer les rigueurs de l'hiver. Quant aux vêtements, les pulls, chandails, sous-vêtements molletonnés, ils risquent d'encombrer vos placards en attendant de partir pour un séjour en métropole à la mauvaise saison.

Si les affaires importées ne peuvent pas être dépotées dès l'arrivée, par exemple si votre résidence temporaire sur l'île est meublée ou manque d'espace, il est possible de louer le conteneur pendant plusieurs semaines ou mois. La rentabilité est à étudier par rapport à un achat sur place de meubles ou autres.

Le mobilier et l'électroménager ne sont pas beaucoup plus onéreux qu'en métropole, et ils sont souvent mieux adaptés au climat local (mais pas toujours). De même, les matériaux de construction, tels les menuiseries et les volets, doivent être conçus pour résister au climat (chaleur et humidité) et aux cyclones. En revanche, l'outillage est d'un coût plus élevé, bien que certains magasins spécialisés aient des offres au tarif « conseillé par le fabricant ».

Si le matériel en votre possession avant le départ possède une informatique embarquée, téléchargez tous les logiciels et applications dont vous pourriez avoir besoin. Il est probable que vous ne pourrez pas le faire dans les Petites Antilles. La fiche n°22 montre les différences entre la Guadeloupe et la France hexagonale.

Les voitures sont environ 20 % plus onéreuses qu'en métropole.

La fiche n°5 procure des conseils sur le choix d'un véhicule.

Lors d'achat d'équipements électroniques (appareil photo, rasoir, etc.), préférez les matériels étanches, ils résisteront mieux à l'air humide et poussiéreux. Certains produits électroménagers sont dits « tropicalisés ». Ils auront une meilleure tenue que les autres, mais moins qu'un matériel étanche.

Le mobilier de type continental est mal adapté. Le bois aggloméré déteste l'eau. Il gonfle. Les parties en acier souffrent vite de la rouille, surtout si l'habitation est proche de la mer.

L'acier galvanisé possède une bonne tenue, sauf pour les faibles épaisseurs. Il peut être protégé par une peinture technique parfaitement adaptée au support et à l'environnement. Un entretien régulier est nécessaire afin d'intervenir dès l'apparition de rouille. L'inox est très utilisé pour les équipements. Il présente l'avantage de résister aux risques de rouille. Deux types d'inox sont proposés : A2 en qualité alimentaire, A4 en qualité marine.

À défaut d'inox, certains équipements peuvent être constitués de plastique, toutefois l'exposition au soleil et la chaleur permanente en accélèrent la décomposition ou le rendent cassant.

Fiche n°3 - Vie chère

Le coût de la vie est nettement supérieur à celui de la métropole. Le contenu d'un caddie pour les achats courants coûte 20 à 50 % de plus par rapport à vos habitudes sur le continent. En revanche, les productions locales vous réservent de belles surprises en qualité et en tarifs, pour les fruits, les légumes, le poisson ainsi que la viande.

Pour le reste, électroménager, véhicules, mobilier, accastillage, tout est plus onéreux pour les produits d'importation. Certains matériaux bénéficient toutefois de tarifs corrects, par exemple en construction de bâtiments. N'hésitez pas à aller dans les magasins spécialisés et les grossistes, vous pourrez y découvrir des produits à meilleur tarif que dans les grandes surfaces, alimentaires ou non. Des sociétés locales proposent de servir d'intermédiaire pour des achats sur Internet. Il n'y a pas grand-chose à y gagner, ces sociétés répercutant les frais de transport et de dédouanement, plus leur commission.

En Guadeloupe, les livres, les revues et les journaux sont surtaxés de 15 %, sauf pour les publications locales. Un surcoût justifié officiellement pour permettre aux détaillants de répercuter sur les prix de vente les coûts liés aux transports et autres taxes à leur charge. Heureusement pour le consommateur, la TVA est de 2,1 % contre 5,5 % en métropole. Sur les livres, le distributeur colle une étiquette avec le prix spécial « outre-mer ». Les magazines affichent une liste des prix (en caractères minuscules) selon le lieu de diffusion. Ainsi, les échanges ou donations de livres sont courants entre Antillais ou par les visiteurs venant de métropole. Les livres scolaires sont au même prix qu'en métropole.

– Les particuliers, les entreprises et les investisseurs bénéficient d'avantages fiscaux, par exemple : https://www.impots.gouv.fr/professionnel/questions/puis-je-beneficier-davantages-fiscaux-specifiques-en-exercant-une-activite

– Le montant de l'impôt est réduit de 30 % dans la limite de 2450 € : https://bofip.impots.gouv.fr/bofip/4618-PGP.html/identifiant%3DBOI-IR-LIQ-20-30-10-20190226

– Les salariés de la fonction publique ont un traitement augmenté de 25% (anciennement de 40%) : https://www.service-public.fr/particuliers/vosdroits/F461

Les plus grands perdants de la vie chère en outremer sont les résidents
– qui ne paient pas d'impôt,
– qui ne travaillent pas dans un organisme public (seule la fonction publique octroie une prime de compensation de « vie chère »).
Les manifestations de 2024 en Martinique mènent vers une baisse des prix sur les produits de première nécessité dans les Petites Antilles françaises, hélas encore insuffisante.

Fiche n°4 - Recherche d'un logement ou d'un terrain

Deux types de constructions dominent, le bois et le béton. Les constructions en béton ont la faveur des Guadeloupéens suite aux destructions provoquées par l'ouragan Hugo en 1989. Actuellement les constructions en bois se développent pour des raisons esthétiques, écologiques et climatiques. Certains constructeurs proposent une partie en béton au rez-de-chaussée en tant que pièce de sécurité contre les ouragans, complétée d'une partie en bois à l'étage pour ses qualités esthétiques et contre la chaleur. Les toitures sont réalisées en tôles dont les épaisseurs sont déterminées en fonction de la proximité avec la mer.

	Avantages	Inconvénients
Béton	Résistance aux ouragans.	Mauvaise tenue aux séismes (un ferraillage important est imposé). Restitue la nuit la chaleur emmagasinée pendant la journée.
Bois	Résistance aux séismes. Ne conserve pas la chaleur de la journée. Résistance du bois rouge aux xylophages, et à l'humidité (selon les essences).	Traitement contre les xylophages pour le bois blanc (pin). Risque de développement de champignons dans les parties humides.

Lors de votre prospection pour un logement, vous pourrez être surpris de découvrir des habitations sans fenêtre, les ouvertures étant uniquement fermées par des volets en protection des intempéries. Ceci permet de réaliser des économies à la construction, mais surtout beaucoup de résidents vivent toute la journée volets ouverts pour ventiler les pièces.

Location

Lors de votre recherche de location d'une maison ou d'un appartement, meublé ou non, tenez compte des spécificités locales.

Les agences immobilières proposent peu ou pas de biens en location pour deux raisons essentielles, l'une financière, pas de frais d'agence pour le particulier louant en direct, l'autre moins avouable liée à des logements qui ne sont pas aux normes. Une agence ne gérera pas un bien en location si celui-ci n'est pas en accord avec la réglementation. Heureusement, il existe des biens conformes qui permettent au locataire de bénéficier de l'allocation logement. Celle-ci est directement versée au propriétaire. Hélas, vous constaterez vite que les locations longue durée ne sont pas assez nombreuses. Des logements sociaux sont proposés, comme partout en France, mais les temps d'attente sont importants.

Les locations saisonnières sont abondantes, alors que les locations à l'année sont beaucoup plus rares. Louer à la semaine permet des revenus financiers plus importants pour le propriétaire qu'une location à l'année. Néanmoins, des locations saisonnières se transforment en locations à l'année lorsque le propriétaire est fatigué d'avoir à gérer les entrées et sorties qui se succèdent, de rechercher en permanence des clients, d'effectuer l'accueil, les contrôles, le nettoyage... à un rythme élevé.

Une fois arrivé sur l'île, si vous ne trouvez pas le logement qui vous convienne auprès des agents immobiliers, sollicitez votre entourage, les commerçants et les groupes sociaux sur Internet.

Achat

Le prix de l'immobilier est en forte croissance depuis quelques années, la demande étant plus importante que l'offre.

Trouver une maison à acheter se révèle plutôt difficile. En parcourant l'île, vous remarquerez beaucoup de maisons fermées, visiblement abandonnées, mais ce n'est pas le signe que vous trouverez facilement un logement. Le contexte guadeloupéen très particulier complique les achats. Si votre souhait s'oriente vers un appartement, les offres sont mieux définies, vous trouverez plus facilement.

Donnez-vous un délai maximum pour trouver un emploi et un logement longue durée (location ou achat), afin de décider à une date clé s'il faut vraiment persévérer dans votre projet avec le risque de perdre beaucoup d'énergie et vos économies.

La première étape des recherches passe par des contacts avec les agents immobiliers. Ensuite, le bouche-à-oreille est une bonne solution, tout comme le repérage d'habitations fermées ou semblant abandonnées. Afin d'augmenter vos chances de trouver le bien qui vous corresponde, suivez ces pistes :

- exploitez les renseignements fournis par vos contacts (amis, voisins, loueurs, commerçants). Connaissent-ils des maisons inoccupées ? Quels en sont les propriétaires ?
- rencontrez les maires ou les adjoints des communes où vous souhaitez vous établir, ils sont bien placés pour vous informer ;
- relevez les petites annonces des journaux locaux ;
- consultez les sites Internet spécialisés ;
- circulez dans les communes et repérez les maisons inhabitées qui pourraient nous convenir.

Pour ce dernier procédé, transformez-vous en détective, fort de compétences que vous allez acquérir sur le terrain :

- analysez les PPRN, Plans de Prévention des Risques Naturels[2] ;
- mettez à contribution les services techniques des mairies pour connaître les propriétaires des parcelles convoitées, bâties ou non ;
- enquêtez auprès du voisinage.

Il est probable que vous serez surpris d'apprendre :

- que les successions après décès sont rares, entraînant de facto la génération de biens en indivision[3] ;
- que des « propriétaires » possèdent des biens sans titre de propriété ;
- que des maisons sont bâties sur des terrains qui n'appartiennent pas aux constructeurs ;
- que de nombreuses maisons sont réalisées en autoconstruction, avec des parents et amis, appelées maisons « coup de main », donc sans garantie décennale ni d'être aux normes sismiques ;
- que les constructions inachevées sont nombreuses. Les maisons « à finir » sont de très mauvaises affaires, elles correspondent toujours à des biens hérités. Les plans sont inexistants, il est difficile de comprendre la distribution des pièces, le vendeur n'accepte pas une offre au prix du terrain, et encore moins avec une déduction du coût de déconstruction ;

---

[2] Voir la fiche n°13 - Risques naturels et technologiques.
[3] Les biens de la succession appartiennent indistinctement à tous les héritiers sans que leurs parts respectives ne soient matériellement individualisées.

- qu'une majorité de maisons comportent des surfaces habitables importantes, car les propriétaires voulaient loger leurs enfants. Hélas, la plupart du temps ceux-ci sont partis avant que la maison ne soit terminée ;
- que des biens sont inaccessibles, car bloqués par des héritages complexes donc longs ;
- que des biens en vente ne trouvent pas preneur depuis des années parce que :
  - le propriétaire n'est pas pressé, il n'a pas besoin de l'argent de la vente, donc il reste sur un prix élevé dans l'espoir de trouver un « pigeon » ;
  - la situation du bien ne présente aucun intérêt ; il est enclavé, la parcelle trop petite, la porte d'entrée ouvre directement sur la nationale, etc. ;
  - il s'agit d'un immeuble avec possibilité de créer plusieurs appartements, mais jamais terminé ;
  - les agents immobiliers sont peu regardants sur le prix demandé par le vendeur. Ce qui leur importe, c'est d'avoir de nombreux biens au catalogue ;
- que des biens sont proposés à des tarifs hallucinants, surestimés. Ceci est dû :
  - au souvenir d'une maison pimpante du temps où un ascendant l'habitait encore ;
  - aux prix de vente affichés sur d'autres annonces qui laissent croire à des tarifs en général élevés, alors que les prix d'achat réels sont souvent bien en deçà ;
  - à des prix de cession demandés par le vendeur pour correspondre à une somme qui lui est nécessaire pour un projet (souvent une autre construction).

Je vous invite à consulter ces sites Internet qui fourmillent d'informations :

- Géoportail propose de nombreuses cartes (IGN, photos aériennes, parcelles cadastrales, etc.).
https://www.geoportail.gouv.fr/

- Le site officiel du cadastre permet d'obtenir la surface de la parcelle et les références des parcelles du secteur de votre recherche.
https://cadastre.gouv.fr/scpc/accueil.do

- ETALAB indique la valeur des transactions foncières. Ainsi, il est possible de connaître le prix du marché actuel (terrain, maison, appartement...) dans un secteur donné.
https://app.dvf.etalab.gouv.fr/

Actuellement, le nom du propriétaire d'une parcelle n'est pas fourni, toutefois cette donnée devrait être disponible prochainement. Il est toujours possible de connaître le nom du propriétaire sur simple demande en mairie (mais leurs services ne peuvent pas vous en donner les coordonnées).

- Immo Data fournit des informations sur les transactions, l'analyse des biens, leur estimation, etc.
https://www.immo-data.fr/

- Estimation du prix de l'immobilier :
https://www.economie.gouv.fr/cedef/estimer-prix-immobilier

- Pour plus d'informations sur les données publiques :
https://www.data.gouv.fr/fr/

- https://explore.data.gouv.fr/fr/

Visites de biens immobiliers

Compte tenu des difficultés propres aux Antilles, et des freins des propriétaires, soyez plus enclins à passer par des agents immobiliers. Les notaires ont une excellente vision du prix du marché, puisque les actes de vente passent par eux.

https://chambre-guadeloupe.notaires.fr

les notaires publient régulièrement une étude de marché donnant le prix moyen du mètre carré selon la situation géographique.

https://www.immobilier.notaires.fr/fr/prix-immobilier?typeLocalisation=REGION&codeInsee=01

Attention, malgré vos critères précis pour l'achat, les agents immobiliers vous proposeront ce qu'ils ont dans leur catalogue, même si ces biens ne répondent pas à vos attentes.

Terrains

Plutôt qu'acheter une maison ou un appartement, vous pouvez vous orienter vers un terrain constructible. Prêtez attention à la situation, l'accès, le type de sol, les pentes, les roches et les risques d'inondation.

Pour la construction, vous disposez des mêmes possibilités qu'en métropole, avec un architecte, par un constructeur (clefs en main ou à finir), par des artisans ou en autoconstruction.

CAUE

Le CAUE (Conseils d'Architecture, d'Urbanisme et de l'Environnement) est présent en métropole et en outre-mer. Il assure un partenariat avec des communes de la Guadeloupe. Des permanences sont tenues régulièrement dans les locaux municipaux afin de prodiguer des conseils gratuitement au public.

https://www.caue971.org/

Comprendre le marché immobilier

Quand vous analysez les offres, n'écartez pas les biens en dehors de votre budget. Comme certains prix de vente sont irréalistes, fixez la somme que vous acceptez d'investir, ce que vous jugez raisonnable vis-à-vis du bien proposé. Les baisses de prix peuvent être impressionnantes.

Les experts immobiliers font des estimations, qui peuvent manquer de justesse. Certains fixent un prix de vente tel qu'il fasse plaisir au client-vendeur qui paie la prestation. Des agents immobiliers proposent aussi des expertises. Celles-ci sont pour la plupart gratuites.

De nombreux critères rendent des biens invendables, en voici deux :

– Les maisons à finir, réalisées en autoconstruction au fur et à mesure des entrées d'argent. Le terrassement et les parpaings sont montés très vite, cette partie de la construction est bon marché. Cependant, quand il faut financer la charpente, la toiture, les menuiseries, la plomberie, l'électricité... les années passent sans travaux. De plus, les aléas de la vie peuvent mettre à mal les ressources, par exemple lors de décès, de mésentente familiale, de perte d'emploi, d'un départ pour la France ou l'étranger. Quand le propriétaire ou ses héritiers décident de se débarrasser de cette ébauche de maison, elle est souvent à abattre si elle se trouve en ruine ou si la distribution des pièces est inadaptée à l'usage d'un éventuel acquéreur.

— Les maisons non entretenues. Ces bâtisses sont nombreuses malgré les coûts élevés des travaux de réparation lorsqu'ils deviennent indispensables, alors qu'un entretien régulier aurait évité de gros dégâts et permis de lisser les sommes dépensées.

Parmi les freins à l'achat d'une maison, celui du refus de vente en dehors de la famille revient souvent. Certains argumentent leur veto ainsi :

— on ne vend pas la maison de maman ;
— sur son lit de mort, maman nous a ordonné de ne jamais vendre sa maison ;
— on ne vend pas la maison construite par papa pendant des années de dur labeur ;
— on va la retaper ;
— on ne vend pas aux métros.

Ainsi, de nombreuses maisons vivent une évolution constante vers un délabrement total.

Caractéristiques des biens à fuir.

Je conseille de fuir les biens en indivision, c'est presque toujours inextricable :

— si l'un des héritiers ne veut pas vendre ;
— si la succession n'a pas été faite sur plusieurs générations ;
— si le nombre d'héritiers est important (à partir de 2, c'est déjà compliqué, mais quand ils sont une centaine...).

De même, abandonnez immédiatement une offre si le vendeur n'est pas propriétaire du terrain.

Quelques conseils pour les futurs acquéreurs

Vous avez certainement des critères personnels pour votre future résidence selon vos attirances :

- Pour une vie festive (surtout pendant les saisons touristiques), la situation en bord de mer dans les communes de Gosier ou de Sainte-Anne vous comblera.
- Pour une situation centrale, proche des commerces et de l'activité professionnelle de Jarry[4], choisissez Baie-Mahault ou Petit-Bourg.
- Pour être proche de la nature, de la Guadeloupe authentique et loin des fortes affluences touristiques, choisissez la côte sous le vent, de Sainte-Rose à Goyave (en évitant Deshaies et Bouillante).
- Pour des activités nautiques, le surf se pratique à Sainte-Anne et à Moule, la plongée et le snorkelling sur la côte sous le vent, de Deshaies à Bouillante (dont Malendure, la réserve Cousteau).
- Pour le farniente sur les plages, les choix sont nombreux, les plages les plus courues vont de Sainte-Rose à Bouillante, de Sainte-Anne à Saint-François, puis Anse-Bertrand et Port-Louis. Les plages épargnées par les sargasses se situent dans le Grand-Cul-de-Sac-Marin. Les échouages sur les plages de la côte sous le vent sont exceptionnels, les sargasses arrivant de l'est et du sud-est avec le vent et les courants.
- Enfin, Saint-François est attractif pour son golf, son casino et son aérodrome. Cette ville est prisée des retraités.

Pour accompagner vos choix personnels vers votre future résidence, voici quelques conseils sur l'orientation, la situation géographique, l'isolation et la ventilation, et l'aide procurée par un agent immobilier.

---

[4] Troisième plus grande zone d'activité de France.

Orientation

Si la maison est placée sous le vent de vos voisins, elle bénéficie des odeurs et fumées liées à l'écobuage, une pratique interdite mais très répandue en campagne. Au mieux, les odeurs de cuisine peuvent vous frustrer lorsqu'elles sont appétissantes.

Si la maison est située sous le vent d'un site d'enfouissement et de traitement des déchets, d'une déchetterie d'une communauté d'agglomération, ou d'une station d'épuration, vous risquez la nausée.

Si la terrasse est orientée vers l'est, nord-est ou sud-est, la maison est copieusement ventilée par les alizés, ce qui peut paraître bénéfique pour rafraîchir, mais se révèle quelque peu désagréable quand l'alizé draine des pluies qui rendent inexploitable ladite terrasse. Si celle-ci est orientée ouest, les stores sont indispensables pour ne pas cuire au soleil l'après-midi. Bien sûr, une orientation plein sud est à proscrire.

Si l'habitation est proche des côtes est et sud, l'échouage des sargasses peut devenir certaines années un problème majeur. En effet, si ces algues brunes sont en très grande quantité, leur décomposition après échouage entraîne des odeurs insupportables, au point que certaines écoles peuvent être amenées à fermer. De plus, les gaz libérés sont très nocifs pour les appareils électriques et toutes les parties métalliques. Les pannes touchent en particulier l'électroménager. Les assurances précisent à présent la prise en charge ou non des dégâts liés aux sargasses. L'échouage de sargasses touche essentiellement les côtes au vent (est et sud), pour quelques semaines ou quelques mois. Certaines années se déroulent sans sargasses, d'autres voient arriver des échouages nombreux.

Situation géographique

Déterminer où vous souhaitez vivre est un préalable essentiel à vos recherches d'une habitation. Le choix peut se définir sur place grâce à une location de plusieurs mois afin d'appréhender votre futur lieu de vie : sur une des deux grandes îles de l'archipel, Grande-Terre ou Basse-Terre, ou bien sur une de ses petites îles, Marie-Galante, la Désirade, les Saintes. D'un côté un accès assez rapide aux liaisons internationales, aux fournitures, aux écoles supérieures, de l'autre un isolement intrinsèque. Le choix de Grande-Terre est privilégié par les métropolitains alléchés par l'image des plages vantées pour le tourisme. Ils se concentrent sur Gosier, Sainte-Anne et Saint-François. Basse-Terre attire ceux qui souhaitent une diversité de paysages, mer, montagne, volcan, et une île moins gagnée par le tourisme de masse. Toutefois, la ville de Deshaies et la section Malendure de Bouillante sont très recherchées de par leur notoriété.

L'endroit d'exercice de votre activité professionnelle est un élément majeur concernant le choix du domicile. L'île est petite, mais les durées de trajet peuvent se révéler élevées à cause d'embouteillages récurrents.

Vous serez peut-être tenté par l'achat de gîtes, avec des promesses de revenus. La plupart ont été financés par le Fonds Européen de Développement Économique Régional (FEDER), beaucoup sont revendus lorsque l'entretien devient trop coûteux. De plus, ils sont proposés à des prix très élevés : l'Europe ayant financé les gîtes à hauteur de 80%, les prix de construction ont été surévalués. Vivre des revenus de gîtes n'est pas facile, les banquiers s'accordent pour dire qu'il faut posséder cinq gîtes pour en vivre. La gestion de gîtes nécessite beaucoup de travail quotidien.

Un dernier conseil pour terminer : il est impérieux de consulter les Plans de Prévention des Risques Naturels[5] avant toute démarche afin d'éviter des déceptions ou pour disposer d'un argument de négociation.

---

[5] Voir la fiche n°13 - Risques naturels et technologiques

Isolation et ventilation

L'isolation est bénéfique pour se protéger de la chaleur, mais ne négligez pas le renouvellement d'air indispensable à l'assainissement des pièces. Les alizées constituent une aide à la ventilation à condition d'en tenir compte avant la construction. L'isolation de la toiture et des murs en béton est impérative. Le choix des couleurs de façade et de toiture apporte un élément favorable ou non pour limiter la chaleur dans une maison. Les tons clairs permettent de moins absorber la chaleur.

Il est important de bien ventiler les pièces pour éviter l'humidité et les moisissures. Attention, une pièce climatisée ne signifie pas qu'elle dispose d'une bonne aération. Si vous constatez des remontées d'humidité dans les murs avec des traces de moisissures, l'aération est insuffisante. La Ventilation Mécanique Contrôlée, VMC, est peu répandue en Guadeloupe, pourtant elle contribue à assainir l'air.

Constitution du dossier par l'agent immobilier

Compte tenu des particularités des cessions immobilières sur l'île, l'agent immobilier constitue une aide à ne pas négliger lors de l'achat d'une maison. En particulier, il participe à la négociation du prix, il vérifie que le vendeur est bien le propriétaire, que le livret de famille n'indique pas d'éléments qui risquent de compliquer la transaction en cas de succession.

Le résultat des diagnostics immobiliers est rarement surprenant, surtout pour les anciennes maisons. Les termites sont présents partout en Guadeloupe. L'électricité est souvent à refaire. L'assainissement non collectif est rarement conforme. Cependant, la présence d'amiante et de plomb est rare.

Fiche n°5 - Choix d'un véhicule

Pour effectuer le bon choix d'un véhicule, en plus des critères classiques (nombre de passagers, volume, plaisir de conduite, etc.), prenez en compte quelques particularités de la Guadeloupe :

- l'île est petite ;
- les routes à 4 voies sont peu nombreuses et ne concernent que de courtes distances ;
- le réseau routier est mal entretenu (nids-de-poule, bas-côtés non stabilisés), les routes de campagne et les rues sont étroites ;
- les embouteillages sont importants, au point que les trajets sont à estimer en durée et non en kilomètres ;
- certains accès sont en pente très raide sur la Basse-Terre.

Ainsi, les trajets que vous serez amenés à pratiquer régulièrement vous orienteront vers certains types de véhicules : citadins, SUV[6], 4x4, utilitaires... et sur des choix de motorisation-puissance associés au type d'énergie, essence, diesel, hybride ou électrique.

Les voitures sportives sont plaisantes, mais rarement confortables. En outre, le bas de caisse souffre du bitume dégradé. Les voitures à essence manquent de couple s'il faut tracter une remorque ou grimper un morne. Les diesels n'apprécient pas les courtes distances et les embouteillages, le filtre à particules s'encrasse, les injecteurs souffrent.

Les voitures hybrides ou électriques sont de plus en plus présentes. Elles constituent un bon choix au vu des distances pouvant être parcourues sur l'île, bien inférieures aux 300 ou 400 km d'autonomie annoncés pour un véhicule électrique. De plus, pas de consommation pendant que la voiture est arrêtée

---

[6] Sport Utility Vehicle.

dans les embouteillages, sauf pour la climatisation.

Une voiture « premier prix », c'est-à-dire avec un moteur à essence de faible motorisation, devient vite insupportable à conduire. Les côtes se révèlent difficiles à grimper.

Ainsi, le véhicule à acquérir doit être adapté à votre besoin pratique. Méfiez-vous des véhicules de types SUV, moins onéreux qu'un tout-terrain, mais trop marqués citadins avec des équipements luxueux donc fragiles.

Le prix d'achat d'un véhicule en Guadeloupe est d'environ 20 % plus élevé qu'en métropole. Les frais de transport en conteneur dépassent les 1000€ avec l'assurance. Plusieurs transporteurs opèrent aussi sur la ligne France continentale vers la Guadeloupe, mais tout est convoyé par CMA-CGM, la seule compagnie active sur cette ligne.

Si vous importez votre véhicule détaxé, il faut ajouter l'octroi de mer, de 7 à 30 % selon la cylindrée, et l'octroi de mer régional de 2.5 %, plus la TVA de 8.5 %. En outre, ces taxes s'appliquent aussi sur le transport maritime, y compris l'assurance. Donc, il est préférable de payer la TVA en métropole. Dans ce cas, il n'y a pas d'octrois ni de TVA à régler, véhicule et transport, mais uniquement si vous êtes dans le cadre d'un déménagement.

Dans tous les cas, vous aurez à régler des droits de port (au bureau des douanes, environ 40 €, et des frais de débarquement à la compagnie maritime, moins de 300 €).[7]

---

[7] Ces tarifs évoluent d'année en année. Les taux d'octroi de mer interne et d'octroi de mer externe sont fixés par délibérations du Conseil Régional. Renseignez-vous auprès des transporteurs pour avoir les tarifs à jour.

Le dédouanement d'une voiture s'effectue à proximité du port de commerce.
- Consultez les services de la douane :
  - https://www.douane.gouv.fr/fiche/vous-importez-dans-un-drom-un-vehicule-achete-dans-lunion-europeenne

Les tarifs des carburants sont les mêmes dans toutes les stations de l'île. Ils sont fixés tous les mois en accord avec la préfecture. Très peu de stations sont en libre-service, certaines uniquement la nuit.

NB : pour la sauvegarde de l'intégrité de votre véhicule, évitez de stationner sous un cocotier ou un palmier royal !

Fiche n°6 – Climat, météo, qualité de l'air et de l'eau

Climat

La température en Guadeloupe subit peu de variations entre l'été et l'hiver, seulement quelques degrés, en moyenne autour de 22°C la nuit et 30°C le jour. Dans les mornes (montagnes), les températures sont plus fraîches et peuvent nécessiter des couvertures la nuit en hiver.

Afin de préparer vos valises, et peut-être choisir de vivre en plaine, au bord de mer ou en altitude, voici quelques sites pour avoir une idée du climat :

— Météo de la Guadeloupe

https://meteofrance.gp/fr/guadeloupe

— Climat de la Guadeloupe

https://www.climatsetvoyages.com/climat/guadeloupe

— Historique de la météo en Guadeloupe

https://www.historique-meteo.net/caraibes/guadeloupe/

– Thèmes sur la Guadeloupe
https://www.exotismes.fr/voyages/t/quand-partir-guadeloupe.html

Le climat guadeloupéen soulage les rhumatisants, mais les personnes ayant des problèmes cardiaques peuvent souffrir de la chaleur. Avant de décider de vous installer pour une longue période sous les tropiques, il est préférable d'en discuter avec votre médecin si vous souffrez de pathologies pouvant être influencées par le climat.

Météo

Les prévisions sont incertaines sur une île prise entre l'océan atlantique et la mer des caraïbes, petit bout de terre insignifiant tel un confetti posé sur la place Saint-Marc de Venise. La presse donne une météo à cinq jours comme en France hexagonale, mais sans en avoir la fiabilité. Les prévisions sont à prendre d'un jour pour le lendemain, au mieux. Regardez les images satellites pour vous faire une idée du temps à venir en fonction des vents et de la couverture nuageuse. Observez le ciel le matin avant de décider d'une randonnée, d'une promenade, d'un bain de soleil, d'un bain de mer, de la visite d'un parc, etc. Ou demandez sur les réseaux sociaux le temps qu'il fait dans la commune où vous souhaitez vous rendre.

Les zones tropicales sont soumises à des phénomènes météorologiques majeurs, en particulier les ouragans. Les tempêtes tropicales, même si elles n'ont pas la représentation symbolique de destruction des ouragans, peuvent se révéler dévastatrices par les quantités de précipitations apportées.

Pendant la période à risque, regardez la météo cyclonique diffusée sur la chaîne « Martinique la 1ère » et prenez les précautions qui sont rappelées à chaque période cyclonique.

Qualité de l'air et de l'eau

- Site de surveillance de la qualité de l'air en Guadeloupe
  https://www.gwadair.fr/?
  token=0ZILTfR1HuFoQVr_jFCdzuMoYNv6OTYzqvtCuSu9em
  0

- Commune par commune, résultats des analyses du contrôle sanitaire des eaux destinées à la consommation humaine
  https://orobnat.sante.gouv.fr/orobnat/afficherPage.do?
  methode=menu&usd=AEP&idRegion=01&fbclid=IwAR3tpxe
  ohv07_12nC_qSk69ayNJy4ZDeGOw-
  ZvfXhsvyYAx22ENol7hpO3I

- Le syndicat de l'eau
  https://www.smgeag.fr/

Fiche n°7 - Réseaux sociaux

Les réseaux sociaux fourmillent d'informations, plus ou moins sérieuses. Vous découvrirez des réseaux sur différents sujets :
- Offres d'emploi, formations et autres informations (exemple « Amis de KAM Outremer » sur Facebook).
- Informations sur les artisans, les commerçants, les restaurateurs, les gîtes (exemple « Pub, Conseils, bons plans en Guadeloupe ;- » sur Facebook).
- Une entraide pour s'installer en Guadeloupe (déménagement, logement, les bonnes adresses, les conseils, etc.).
- Le signalement de bons plans (touristiques ou commerciaux).
- Une aide à l'intégration dans la communauté des Ultra-marins.
- Le partage de photos de la Guadeloupe.

Vous trouverez des listes conséquentes mais non exhaustives sur mon blog :

https://groups.google.com/g/sinstaller-en-guadeloupe

Fiche n°8 - Téléphonie

Pour Internet par ADSL ou fibre, Orange est le plus performant du côté service, mais le plus onéreux. Pour la téléphonie mobile, les différents opérateurs font des offres aujourd'hui intéressantes, cependant portez votre attention sur la couverture du réseau. Actuellement les offres ne sont pas stabilisées, comparez celles des opérateurs. Certains résidents prennent des abonnements en métropole où les tarifs sont moins élevés (à condition d'y conserver une adresse).

Les coûts des abonnements ADSL et Fibre sont très élevés par rapport à la métropole. Le câblage de la fibre avance dans toutes les communes. Orange, Canal+ et SFR proposent des offres. Des sites sur Internet permettent de comparer les tarifs, par exemple :

https://www.echosdunet.net/comparateur-box-internet/guadeloupe

L'arrivée de Free en téléphonie a incité les opérateurs à proposer de bien meilleures offres, avec des tarifs divisés par 2 ou 3 (en 2024) par rapport aux offres précédentes.

https://forfaitcaraibe.fr/

SFR et orange proposent la meilleure couverture du réseau actuellement, à confirmer en fonction des évolutions via ces sites :

- L'ARCEP, Autorité de régulation des communications électroniques, des postes et de la distribution de la presse : https://www.arcep.fr/

- Accès direct aux cartes et infos de l'ARCEP : https://monreseaumobile.arcep.fr/

- Carte de la couverture 3G/4G/5G donnée par nPerf, pour la Guadeloupe : https://www.nperf.com/fr/map/GP/-/-/signal/

Fiche n°9 - Écoles

L'enseignement est identique aux programmes de la métropole jusqu'au BAC. Ensuite, les possibilités d'orientation pour l'enseignement supérieur en Guadeloupe sont limitées, bien que soient proposées des offres en BTS et à l'université. Pour certaines spécialités, il est nécessaire de poursuivre ses études en métropole ou à l'étranger (îles de la Caraïbe, Amérique du Nord, etc.). Renseignez-vous auprès du rectorat :

https://www.ac-guadeloupe.fr/

En alternative à l'enseignement public, vous pouvez inscrire vos enfants dans le secteur privé :

https://www.enseignement-prive.info/annuaire-enseignement-prive/guadeloupe-971

L'enseignement à domicile est possible, il est appelé « Instruction dans la famille » :

https://www.service-public.fr/particuliers/vosdroits/F23429

La qualité de l'enseignement sur l'archipel est variable, tout comme en métropole. Cependant, la situation géographique, le climat social et la météo nécessitent d'être très attentifs afin que vos enfants réalisent de belles études. En particulier, les trajets pour se rendre à l'école depuis la résidence (mornes, campagne) peuvent durer plusieurs heures, certaines grèves entraînent des fermetures temporaires d'établissements, les jours fériés ou chômés sont plus nombreux qu'en métropole :

- Le Lundi gras.
- Le Mardi gras.
- Le Mercredi des Cendres.
- Le Jeudi de la Mi-Carême.
- Le Vendredi saint.
- Le Samedi Gloria.
- Le 27 mai, abolition de l'esclavage.
- Le 21 juillet, anniversaire de Victor Schœlcher.
- Le 2 novembre, fête des défunts.

La population et les élus sont fiers des réussites des enfants de la Guadeloupe. Tous les ans des manifestations sont organisées pour récompenser les nouveaux bacheliers dans les communes, au rectorat ou en région, avec des cadeaux et des chèques qui peuvent s'élever à plusieurs milliers d'Euros afin de les aider dans la poursuite de leurs études.

Fiche n°10 - Apprendre le créole

La langue courante est le créole. Un Guadeloupéen vous parlera en français si vous ne comprenez pas le créole, parfois avec difficulté pour les plus âgés ou les migrants de l'espace caraïbe.

La langue créole dans les Petites Antilles françaises marque assez peu de différences (quelques mots et expressions), mais le créole haïtien offre plus de dissemblances. Je conseille fortement l'apprentissage du créole pour s'intégrer puisqu'il est fréquemment parlé.

Sur le Net, des cours ou des documentations sur le créole sont aisés à trouver, en voici quelques exemples :

— Méthode Assimil
  https://www.assimil.com/fr/

— Littérature guadeloupéenne
  https://ile-en-ile.org/lit-guadeloupeenne/

— Chaîne Youtube de Benzo le conteur
  https://www.youtube.com/user/benzoleconteur/featured

– Benzo le conteur propose une formation en ligne pour apprendre le créole. Parlez, écrivez, lisez le créole !
https://www.langue-creole.fr/

Vous pouvez découvrir des offres de cours en présentiel localement, mais elles ne sont pas toutes pérennes.

Fiche n°11 - Services de santé

Quasiment toutes les spécialités sont représentées dans plusieurs hôpitaux et cliniques :
https://www.sanitaire-social.com/annuaire-etablissements-de-sante/hopitaux-cliniques/liste-guadeloupe-971

Cependant l'archipel souffre des mêmes difficultés que celles rencontrées métropole, auxquelles s'ajoutent des problèmes spécifiques. Le Centre Hospitalier Universitaire de Pointe-à-Pitre est vieillissant, toutefois un nouvel hôpital à la pointe de la modernité va être livré en 2025.

— Article de Guadeloupe la 1ère
https://la1ere.francetvinfo.fr/guadeloupe/futur-chu-de-la-guadeloupe-une-visite-virtuelle-qui-en-met-plein-la-vue-1530982.html

— Visite virtuelle
https://eyeandeye.work/NCHUG/

L'incendie d'une partie du CHU en 2017 et la crise sociale et sanitaire de 2021 ont entraîné le départ de nombreux soignants, en particulier de spécialistes. Toutefois, le nombre de médecins généralistes est satisfaisant.

Quelques liens pour s'informer sur les services de santé en Guadeloupe :

ARS, Agence régionale de santé

https://www.guadeloupe.ars.sante.fr/

Offre hospitalière

https://www.guadeloupe.ars.sante.fr/hospitalisation

Santé publique France

https://www.santepubliquefrance.fr/

https://www.santepubliquefrance.fr/recherche/ #search=guadeloupe

Vaccinations recommandées

https://www.pasteur.fr/fr/centre-medical/preparer-son-voyage/guadeloupe

Fiche n°12 - Aides financières

La Région Guadeloupe fournit des aides dans différents domaines, pour les professionnels, les associations et les particuliers :

https://www.regionguadeloupe.fr/accueil/

Des aides européennes (FSE) sont proposées, dont les objectifs sont modifiés tous les 5 ans :
- – FEDER

  https://www.europe-en-france.gouv.fr/fr/fonds-europeens/fonds-europeen-de-developpement-regional-FEDER

- – FEADER

  https://www.europe-en-france.gouv.fr/fr/fonds-europeens/fonds-europeen-agricole-pour-le-developpement-rural-FEADER

Fiche n°13 - Risques naturels et technologiques

La Guadeloupe est exposée à des risques naturels et à ceux causés par l'activité humaine. Les risques sismiques et cycloniques viennent immédiatement à l'esprit. Le sud de la Basse-Terre est le plus exposé aux risques telluriques avec son volcan (la Soufrière) et ses nombreuses failles sismiques. La Grande-Terre est un plateau calcaire d'origine corallienne moins soumis à ces risques sismiques. Le risque cyclonique concerne tout l'archipel. De manière globale, ce site fournit de nombreuses informations sur les risques :

https://www.guadeloupe.gouv.fr/Actions-de-l-Etat/
Securite/Risques-naturels-et-technologiques

Le site suivant délivre des informations très précises sur les risques à un endroit donné :
https://www.georisques.gouv.fr/

La saison cyclonique dans les Antilles s'étend de juin à novembre. Durant cette période, le temps est chaud et humide, les tempêtes tropicales se succèdent entraînant parfois le placement de l'île en alerte pluies, orages et risques de submersion. Des informations de prévention et des conseils sont donnés pour se mettre à l'abri, se constituer un minimum d'équipements pour passer au mieux les quelques heures du déferlement de l'ouragan, et envisager la suite s'il y a eu des dégâts : eau, nourriture, radio, bougies, etc.

Fiche n°14 - Circulation

Les routes sont très accidentogènes avec toujours trop de décès qui touchent principalement les piétons et les conducteurs de deux-roues. La faute en incombe au réseau routier médiocre, au mauvais comportement des conducteurs et au manque d'entretien des véhicules.

https://www.guadeloupe.developpement-durable.gouv.fr/
securite-routiere-r81.html

Les encombrements routiers sont importants, les axes de circulation sont limités et très fréquentés vers Jarry en semaine, au retour des plages le WE. Les routes principales offrent peu de possibilités de contournement en Basse-Terre, avec comme conséquence de sérieux blocages en cas d'accident, de travaux, ou de manifestations. Ce site fournit une carte de la circulation en temps réel :

https://www.trafikera.fr/indexm.php

Les pistes cyclables sont rares, tout comme les trottoirs en dehors des grandes villes. Circuler à vélo ou à pied peut se révéler dangereux dans de nombreux endroits.

Les réseaux de transports en commun se développent, mais restent peu satisfaisants en dehors de la zone de forte activité du Sud Grande-Terre.

— Carte du réseau de transport public :
https://www.karulis.com/plan/

De nombreuses lignes de cars privés sillonnent l'île, toutefois les horaires ne sont fournis qu'à titre indicatif.

— Transport interurbain
https://www.regionguadeloupe.fr/les-actions-regionales/transport-interurbain/#_

— Transport urbain du Nord Basse-Terre
https://www.transport-urbain-canbt.fr/

— Transport urbain du Sud Basse-Terre
https://www.grandsudcaraibe.fr/category/reseau-urbain/

Le Conseil Départemental de la Guadeloupe, en charge du transport scolaire, délègue ses attributions aux communautés d'agglomération, aux communes ou aux sociétés privées, par exemple :

– Syndicat Mixte pour la Grande-Terre, Les Abymes, Baie-Mahault, Pointe-à-Pitre, Le Gosier, Sainte-Anne, Saint-François, La Désirade
https://www.syndicatmixtedestransports.fr/index.php/transport-scolaire

– Communauté d'agglomération, Les Abymes, Baie-Mahault, Pointe-à-Pitre
https://www.capexcellence.net/se-deplacer/transports-scolaires

– Communauté d'agglomération Nord Grande-Terre
https://www.cangt.fr/transport_trashed/transport-scolaire/

– Communauté d'agglomération Nord Basse-Terre
https://canbt.montransportscolaire.net/transcol/web/

– Communauté d'agglomération Sud Basse-Terre
https://www.grandsudcaraibe.fr/category/transport-scolaire/

Renseignez-vous auprès de la commune du lieu de résidence choisi.

Fiche n°15 - Se nourrir

Les denrées importées de métropole subissent une augmentation de coût conséquente, comme indiqué dans la fiche n°3 sur la vie chère. Vous trouverez tous les ingrédients nécessaires pour cuisiner comme en métropole, mais à des tarifs élevés. Le vin et le fromage sont des produits de luxe.

Manger comme les Guadeloupéens est plus économique en consommant riz, racines, poulet, poisson, etc. Le sucre de canne est bon marché, meilleur que le sucre blanc pour agrémenter les pâtisseries et les boissons. Privilégiez la production de la Guadeloupe afin de bénéficier de la fraîcheur des aliments et faire vivre l'économie locale.

Vous pouvez vous nourrir facilement à faible coût auprès de très nombreux restaurants, ventes à emporter, snacks et camions vendant les fameux bokits de Guadeloupe, des agoulous et des sandwichs classiques. Les boucans vous proposent à petit prix du poulet grillé accompagné de riz, de racines ou d'un gratin. N'attendez rien des desserts, sauf dans les restaurants haut de gamme ou à vocation touristique. La plupart des petits services de restauration ne proposent qu'une glace, rarement une pâtisserie ou des fruits.

Même dans des endroits inattendus, les restaurants sont légion. En dehors des bourgs, il s'agit souvent d'une cuisine locale faite à la maison, servie dans un petit bâtiment attenant au logis des propriétaires, quand ce n'est pas une pièce de la maison elle-même qui est dédiée. Les Antillais apprécient beaucoup les services de la cuisine à emporter proposés par les restaurants et sur les marchés.

La nourriture est relativement simple, mais toujours copieuse. Des boulangers parcourent les rues avec de petits véhicules utilitaires pour vendre du pain et des viennoiseries. Parfois, vous pouvez avoir la chance qu'un vendeur à bord d'un utilitaire vous propose du poisson fraîchement pêché. La vente de fruits et légumes, de poissons, d'eau de coco, de jus de canne, de sorbets et de friandises s'effectue un peu partout en bord de route, à des emplacements occupés régulièrement.

Cependant, manger local peu devenir compliqué pour vos organismes non habitués aux légumes appelés « racines » s'ils deviennent votre nourriture quotidienne, mais manger diversifié et local comporte un aspect financier qui n'est pas négligeable.

Deux maladies liées à la nourriture peuvent avoir des conséquences importantes. En connaissant les symptômes et les risques mortels, vous ne voudriez surtout pas les attraper !

La leptospirose est due à la contamination par l'urine des rats. Ne mangez pas les fruits directement cueillis ou ramassés au sol, lavez-les avant.

La ciguatera est causée par la consommation de poissons (par exemple, les barracudas) contaminés par une toxine, la ciguatoxine. Les pêcheurs professionnels reconnaissent facilement ces poissons, méfiez-vous des pêcheurs amateurs et de vos propres pêches.

Fiche n°16 - Projet professionnel

Si votre but est de trouver un emploi ou de créer votre entreprise, mettez au clair vos objectifs. Établissez une liste de vos souhaits en ayant en arrière-pensée le marché de l'emploi, vos compétences, et votre âge. Exemple de liste à compléter ou amender :

- posséder une activité commune à mon couple ;
- disposer de ma propre entreprise ;
- répondre aux besoins peu pourvus ;
- maintenir des liens sociaux avec la population locale et de passage ;
- correspondre à mes capacités d'investissement financier ;
- exercer une activité professionnelle à proximité de mon habitation ;
- avoir un travail qui m'apporte satisfaction.

Sur place, prenez la mesure de votre nouvel environnement, multipliez les démarches en vous invitant aux rencontres avec les commerçants et aux conférences sur la vie des entreprises, les aides à la création, les marchés locaux, le développement de l'industrie agroalimentaire, le marché du tourisme, etc.

Formations professionnelles

Dans le cadre de votre projet, vous pouvez suivre une ou plusieurs formations.

Si vous êtes demandeur d'emploi, lors de votre arrivée en Guadeloupe rencontrez un référent de France Travail pour le transfert de votre dossier et pour discuter des formations qualifiantes à suivre.

Si vous souhaitez vous mettre à votre compte, demandez une formation de créateur d'entreprise. Elle est indispensable pour éviter de partir dans des directions jalonnées d'embûches, voire sans issues favorables, surtout en abordant un domaine professionnel inconnu et une région qui l'est tout autant. En vous abstenant, vous risquez une grosse déception s'il s'avère que votre projet n'est pas viable alors que vous avez investi beaucoup de votre temps et de vos finances. Cependant, s'il est viable, vous gagnerez du temps et de l'argent en vous dirigeant dans la bonne direction avec les bons moyens. En effet, les formateurs possèdent une bonne connaissance du marché local et des filières. De plus, ils disposent d'un réseau de contacts intéressants pour les projets qui leur sont soumis.

Suite à cette formation, vous serez en possession d'un business plan solide pour aller à la rencontre des organismes financiers.

Le marché de l'emploi

Avant de venir dans les Antilles, il est important d'avoir une vue globale du marché de l'emploi en Guadeloupe pour affiner son orientation. Plusieurs sites fournissent des données et des statistiques :

https://guadeloupe.deets.gouv.fr/marche-du-travail,3997

https://statistiques.pole-emploi.org/bmo

https://www.top-metiers.fr/salaire-moyen-metiers-qui-recrutent-en-guadeloupe

https://www.francetravail.fr/region/guadeloupe/meteo-de-lemploi.html?fbclid=IwAR1ZiCtPzHRdHjI8O2-u2BxOLoh5ukDQTeUssQb1QlzpH5660RQnohJ4etA

Par exemple, le besoin de chauffeurs routiers est en augmentation. En particulier pour les déplacements en autocar puisque le réseau est en plein développement. Sur Grande Terre, Karulis est très présent, cependant il existe d'autres sociétés de transport routier en autocars, en particulier pour les scolaires (appels d'offres réguliers), les voyages touristiques, les transports pour les grandes manifestations (spécialement le carnaval). Voici un lien d'information sur le développement des transports en Guadeloupe :

https://www.guadeloupe.developpement-durable.gouv.fr/journal-de-l-observatoire-regional-des-transports-a3485.html

Fiche n°17 - Retraite professionnelle

Si votre projet inclut votre départ en retraite pendant que vous serez en Guadeloupe, sachez que les démarches administratives ne peuvent être entreprises que pendant les quatre mois qui précèdent ce départ. Auparavant, inutile d'écrire, de téléphoner, d'insister pour monter votre dossier, cela ne sert à rien.

Pour approcher un agent de la Sécurité Sociale, vous rencontrez d'abord un agent de sécurité privé. Un cerbère qui vous désigne une affiche avec un numéro de téléphone pour une prise de rendez-vous ; sans rendez-vous, vous n'entrez pas ; il possède une liste des noms des personnes qui ont un rendez-vous. Il la consulte à chaque demande d'entrée. Ceux qui ne sont pas sur la liste sont invités à téléphoner pour obtenir un rendez-vous. Pour déposer un dossier ou une lettre, il vous désigne la boîte à lettres. Pas de remise de documents en mains propres sans rendez-vous. Bien sûr, vous pouvez appeler pour avoir un rendez-vous, mais vous ne l'obtiendrez qu'à force d'arguments, en insistant lourdement, sans lâcher prise.

Fiche n°18 - Prêts bancaires

Pour votre projet professionnel ou pour l'achat d'un logement, vous pouvez être amené à démarcher les banques. Prenez en compte ce fait intransigeant : les banques ne prêtent pas aux demandeurs d'emploi, même s'ils ont un magnifique projet.

Si vous pouvez conserver vos biens immobiliers en métropole, vous obtiendrez plus facilement un prêt bancaire grâce à cette caution.

Consultez un courtier pour faciliter les démarches, aller au plus vite et obtenir de meilleures conditions financières que ce que vous seriez capables de négocier.

Méfiez-vous des assurances imposées par les banques, souvent très onéreuses. Si vous avez fait appel à un courtier pour obtenir un prêt bancaire, contactez-le pour qu'il négocie une assurance qui n'assassine pas votre budget, il le fera encore plus volontiers si vous dites ne pas pouvoir signer le prêt à cause du tarif de l'assurance.

Sachez que l'assurance n'est pas obligatoire, mais que le chargé de clientèle refuse de vous remettre le contrat du prêt tant que l'assurance n'est pas signée.

Faites la chasse aux subventions (régionales, européennes, etc.) pour savoir si votre projet a le bonheur d'entrer dans le cadre d'aides. En particulier, le FSE subventionne des projets jusqu'à hauteur de 80 % du coût de l'opération. Renseignez-vous sur les programmes éligibles à des subventions, ils sont redéfinis tous les cinq ans.

A la date de publication de ce livre, le programme en vigueur concerne les années 2021-2027 :

https://fse.gouv.fr/fse-et-ftj-decouvrez-les-programmes-2127

Un guichet unique recense les aides publiques, départementales, régionales, européennes :

https://www.guadeloupe.gouv.fr/Politiques-publiques/Aides-Territoires/Le-guichet-unique-des-aides-publiques

Fiche n°19 - Pollution, collecte des déchets

La pollution sur l'île est conséquente, due à des facteurs humains et naturels.

Pollution atmosphérique : le passage de brumes de sable venues d'Afrique est fréquent et peut entraîner des gênes respiratoires. Les combustions de carburants (véhicules, avions, centrale thermique) et les écobuages contribuent à cette pollution. Les informations régionales font un point journalier sur la qualité de l'air.

Pollution des eaux de mer, de rivière et de la terre : l'assainissement, tant individuel que collectif, est loin d'être aux normes, beaucoup de rejets s'effectuent dans la nature sans traitement. L'agriculture participe à cette pollution, avec de moindres conséquences depuis l'interdiction du chlordécone. Pourtant, cet insecticide perdure dans les sols et en mer pour encore très longtemps, au point que des zones de pêches sont interdites et que des cultures sont réglementées sur certaines parcelles, en particulier le sud de la Basse-Terre.

Les sargasses sont des algues qui se déposent et pourrissent sur les plages en dégageant des odeurs nauséabondes et des gaz corrosifs.

– Prévisions d'échouement
https://meteofrance.gp/fr/sargasses

– Informations de l'ARS
https://www.guadeloupe.ars.sante.fr/informations-sargasses

– Informations de Gwad'air
https://www.gwadair.fr/comprendre/les-algues-sargasses

Déchets ménagers : bien que la collecte des déchets ménagers, des déchets verts et des encombrants soit organisée, de nombreux dépôts sauvages persistent, constituant un autre facteur de pollution.

Dès l'achat de votre maison, effectuez une demande à la communauté d'agglomération afin d'obtenir des bacs pour les déchets. La livraison peut demander plusieurs mois.

Fiche n°20 - Artisans

Écartez les jobeurs pour plusieurs raisons :

- Ils sont nombreux à proposer leurs services. Quand vous demandez à l'un ce qu'il sait faire, il vous demande ce que vous avez à réaliser. Si vous répondez « maçonnerie », il est maçon, « plomberie », il est plombier, « charpente », il est charpentier, « peinture », il est peintre, etc. Le travail est si rare que la plupart sont prêts à tout accepter. Ils sont durs à la tâche, mais le travail fini est rarement à la hauteur des attentes.
- Un jobeur n'apporte aucune garantie. Si le travail est raté, il ne le refera pas, il ne vous remboursera pas.
- Le prix peut varier considérablement entre l'offre initiale et le dû en fin de chantier.
- Un chantier peut être abandonné très vite, pour longtemps ou définitivement (drame familial, maladie, carnaval, prison, autre chantier plus lucratif, etc.).
- Un prêt immobilier vous oblige à fournir des devis et des factures pour les travaux.

Cependant, trouver de bons artisans, ce n'est pas simple. Examinez les travaux réalisés chez des voisins ou des amis avant de signer un devis.

Quelques conseils avant de lancer les travaux :

1 – ne faites pas appel à un artisan qui gère une autre activité, bien distincte de celle qui vous intéresse ;

2 – payez l'artisan au fur et à mesure de l'avancement des travaux ;

3 – faites-vous livrer le matériel objet des paiements, même s'il n'est pas mis en œuvre aussitôt ;

4 – relancez sans cesse pour obtenir les devis et faire avancer les travaux.

En voici quelques raisons :

1 – Si l'artisan gère des gîtes, il donnera priorité à l'entretien de ses gîtes afin d'éviter une perte de clientèle, donc de revenus.

2 – Une fois l'acompte et le versement de début des travaux acquittés, vous risquez de moins intéresser l'artisan qui pourrait partir vers d'autres activités pour récupérer d'autres acomptes.

3 – Si l'artisan doit acheter des matériaux ou des équipements, il est normal de les payer, mais faites-les livrer chez vous pour être certain de les avoir quand ce sera nécessaire. Sinon, ils peuvent être revendus et vous devrez attendre une autre livraison, ou choisir d'autres matériels. Il faut compter un à deux mois par bateau dans l'attente d'un conteneur de marchandises après commande.

4 – Les artisans reçoivent tant de demandes de devis qui n'aboutissent pas qu'ils attendent d'être relancés pour s'assurer que la demande est sérieuse. Mais certains attendent de n'avoir plus de chantiers pour piocher dans la liste des demandes. Vous pouvez être surpris par l'appel d'un artisan quelques mois après votre demande de devis, voire un an ou plus !

Un artisan considère qu'il travaille sur un chantier, donc les précautions vis-à-vis des réalisations déjà terminées sont rares. Les peintures, les vernis, les boiseries et autres peuvent en souffrir. Enfin, les plannings sont rarement tenus.

Si vous décidez de faire construire votre maison par des artisans, contractualisez avec un conducteur de travaux bien implanté en Guadeloupe. Ses honoraires valent bien votre tranquillité d'esprit, son travail de négociation avec les artisans et l'absence de surcoûts.

Fiche n°21 - Équipements solaires

Le soleil étant présent presque tous les jours, des équipements permettent de l'exploiter avec efficacité pour chauffer l'eau et produire de l'électricité. Un four solaire peut assurer la cuisson et des aliments peuvent être déshydratés en vue de leur conservation.

CESI, Chauffe-Eau Solaire Individuel

Il est obligatoire pour toutes les constructions neuves. Rien n'est imposé aux constructions anciennes, toutefois il est dommage sous les tropiques de ne pas exploiter l'énergie solaire. Deux paramètres plaident en ce sens :

– le prix des équipements est beaucoup plus faible qu'en métropole, puisqu'il n'y a pas de chauffage électrique intégré (l'eau n'est jamais très froide même si le soleil manque plusieurs jours, et il n'y a aucun risque de gel) ;
– les aides sont élevées, pouvant parfois mener à la gratuité de l'équipement.

Les fournisseurs effectuent régulièrement des campagnes publicitaires. Ils s'occupent de toutes les démarches administratives.

Panneaux solaires photovoltaïques

Le taux d'ensoleillement annuel est favorable à l'installation de panneaux solaires photovoltaïques. Ceux-ci fournissent l'énergie nécessaire au logement, le surplus peut être vendu. Des aides sont proposées sous forme de primes et de prêts :

https://mypower.engie.fr/energie-solaire/conseils/aide-panneau-solaire.html

Fiche n°22 - Guadeloupe et France

Administration

Elle est structurée de la même façon sur tout le territoire français, la Guadeloupe n'y échappe pas. Cependant, elle possède une particularité politique exceptionnelle, étant à la fois région et département. Il est impossible de créer plusieurs départements au vu des dimensions de l'archipel et l'ampleur de sa population (moins de 400 000 habitants). Cette singularité engendre une multiplication de bâtiments et de personnels, avec des conséquences nuisibles aux projets quand le président de région et le président du département sont de familles politiques opposées, sans qu'il soit possible de parler de contre-pouvoir.

Services de l'État en Guadeloupe :

https://www.guadeloupe.gouv.fr/

La Poste

Les Colissimos avec garantie de date de livraison, oubliez ! La garantie ne fonctionne pas vers l'outre-mer.
Découvrez ici les différents tarifs :
https://www.laposte.fr/tarif-colissimo-outre-mer

Des droits et des taxes peuvent être demandés à la réception d'un colis, même lors d'envois postaux non commerciaux entre particuliers.

Pour des détails, référez-vous aux informations fournies sur le site de La Poste ci-dessus, et celui des douanes :

https://www.douane.gouv.fr/fiche/recevoir-un-colis-envoye-par-un-particulier?fbclid=IwAR2T-6klB2gsTRXh5KdcTmoM0ZVKid-xlypnyAPp_2G19BDzsikFCmi5DrA

Achats sur Internet

La plupart des fournisseurs en ligne ne livrent pas en outre-mer, ou à des tarifs dissuasifs. Pour ceux qui livrent, commander en ligne apporte son lot de surprises. Sur le formulaire du fournisseur, vous devez noter « Guadeloupe » pour le pays d'origine.

Certains sites imposent de compléter l'adresse par un numéro de rue, voire un numéro de téléphone portable ET un numéro fixe, sous peine de blocage. De nombreuses rues ne possèdent pas de numérotation, mettez un numéro au hasard. Ce numéro de rue ne risque pas de perturber le facteur, il connaît ses clients.

Adresse validée, vous pourrez avoir la surprise de croire que le prix a baissé, mais non, il est à présent affiché HT puisque vous faites livrer en Guadeloupe. Le vendeur en ligne facture le montant HT, mais les surprises et les surcoûts s'inscrivent à l'arrivée. En effet, les frais de douanes fixes, la TVA, les octrois de mer, et autres facturations peuvent augmenter fortement le coût d'un achat qui se trouve multiplié par 2 ou 3, voire plus.

Cette solution est à réserver pour des produits indispensables. Heureusement, lorsqu'il s'agit de pièces détachées reçues au titre de la garantie d'un appareil, il n'y a aucun coût de dédouanement s'il est noté « SAV, facture à 0 € ». La fiche n°43 traite des frais de douane.

Une façon détournée très usitée ici consiste à faire livrer vos marchandises chez un ami ou un parent qui vous les renverra ou vous les apportera en vous rendant visite. Enfin, n'espérez pas acheter des marchandises hors taxes lors d'un voyage en métropole... le Guadeloupéen est considéré sur place comme étant Français, il ne peut pas prétendre aux produits détaxés.

Télévision

La TNT, les bouquets du satellite et de l'ADSL n'ont pas le même panel de chaînes qu'en métropole. Ne cherchez pas TF1 ni M6 sur la TNT, premier réflexe des touristes arrivant dans leur gîte, elles sont absentes pour une question de droits de diffusion à payer que refusent les chaînes privées. La rentabilité est insuffisante pour une population couverte inférieure à un million de personnes. Il est possible de recevoir ces chaînes sur Internet, mais sans le décalage adéquat (pour le journal télévisé de 20 h, il est 14 h en Guadeloupe à l'heure d'été). Pour les fans de TF1 et M6, un abonnement satellite ou ADSL résout le problème. De plus, les opérateurs diffusent les émissions préenregistrées.

Si vous décidez de vous abonner à des chaînes françaises privées, vous les recevrez aux heures de diffusion en métropole, sans décalage horaire. Le paiement via Google Pay est débité après conversion en dollars américains. Finalement, le tarif du service est légèrement moins élevé qu'en euros, puisque HT, même en payant les frais de change.

Logiciels

Certains programmes pour PC, ainsi qu'applications pour smartphone, ne peuvent pas être installés parce que les Antilles sont considérées en secteur « Amérique ».

Installez tout ce qui vous est nécessaire avant de partir ou lors d'un retour en France. Sinon, la solution consiste à louer les services d'un VPN (Virtual Private Network) qui permet de changer l'adresse IP pour simuler une connexion Internet depuis un autre pays.

Fiche n°23 - Décalage horaire

La vie locale est calquée sur les horaires métropolitains. Proches des tropiques, les amplitudes d'ensoleillement des Petites Antilles sont peu différentes tout au long de l'année. Le matin est consacré à l'activité la plus laborieuse pour tenir compte de la température élevée passé midi. Les Guadeloupéens en ayant la possibilité vivent au rythme du soleil, en gros de 6 heures du matin à 6 heures du soir. De plus, la nuit tombe très vite ; une demi-heure suffit pour passer du jour à la nuit complète.

Le rythme classique se construit ainsi : lever à 5-6 h, casse-croûte à 10 h, repas à 13-14 h, dîner à 18-19 h, coucher à 21 h. Mais la diffusion de la télévision ne tient pas compte de la façon de vivre aux Antilles avec le cultissime JT de 20 h et ses 5 ou 6 heures de décalage. Les administrations sont réglées sur les mêmes types d'horaires que la métropole, pourtant vides de sens ici. Les entreprises privées ont une plage horaire centrée sur le matin, à cause de la chaleur ou des contacts avec les professionnels basés en métropole impossibles à joindre l'après-midi. Pour un travail dans les bureaux et les commerces climatisés, la chaleur de l'après-midi n'est pas un souci, quoique peu défendable économiquement puisque la climatisation consomme plus d'énergie pendant les températures les plus élevées.

Pour vos contacts professionnels avec la métropole, vous êtes donc contraints de les effectuer le matin. Si vous avez loupé la plage horaire de superposition des heures travaillées, il vous faut attendre le lendemain. L'après-midi en Guadeloupe correspond à l'arrêt d'une majeure partie de l'activité professionnelle en France métropolitaine.

Fiche n°24 - Communes

La plupart des communes occupent de vastes territoires, avec un bourg et un découpage en sections, terme assimilable à des quartiers, hameaux ou villages pour la métropole. En plus des noms de villes, il est important de connaître les noms et la situation géographique des sections pour circuler. Les panneaux indicateurs sont d'une aide assez sommaire. Quant à la numérotation dans les rues, elle est inexistante en plusieurs endroits.

Basse-Terre et Pointe-à-Pitre sont les seules communes classées en zone urbaine, toutes les autres communes sont en zone rurale du fait de leur faible densité de population.

Démographie en Guadeloupe :
https://fr.wikipedia.org/wiki/
D%C3%A9mographie_de_la_Guadeloupe?
fbclid=IwY2xjawE2v0pleHRuA2FlbQIxMAABHcGguEXb0vescxD
oVvPDlNbDnwYBUGf0xGXLF177h8zhrjkwWr2MnJA_VQ_aem_G
1_S_KCEkJG2KlYQiEfDyg#:~:text=La%20population%20se%20
concentre%20principalement,
%27arrondissement%20de%20Basse%2DTerre

Fiche n°25 - Commerces

Les commerces ferment tôt dans l'après-midi, mais ils ouvrent tôt le matin. Beaucoup de magasins sont fermés le samedi après-midi. La Guadeloupe compte des jours fériés supplémentaires. Au fil des années, de plus en plus de commerces, surtout alimentaires, ont décidé d'ouvrir les jours fériés, le matin.

L'archipel regorge de petites épiceries, appelées lolos, qui vendent les produits de première nécessité à demander au comptoir. Le commerçant tient dans sa caverne d'Ali Baba toutes sortes d'articles, de l'alimentation, le nécessaire pour la cuisine, des allumettes, des bouteilles de gaz, et même des cigarettes.

Sur les ports, les pêcheurs vous proposent leurs prises de la nuit ou du matin, c'est l'assurance de se procurer du poisson frais.

Les marchés sont nombreux et de petite importance. Les étals sont tenus par les producteurs eux-mêmes ou par des revendeurs qui se procurent les produits en gros pour les détailler. Les forces de l'ordre réclament régulièrement l'affichage des prix, mais l'injonction se révèle peu efficace. Les prix ont une variable d'ajustement entre le résident et le touriste.

Un Antillais va toujours chez le même vendeur, la fidélité est de mise. Si son fournisseur habituel n'a pas ce qu'il cherche, il ira rarement l'acheter à l'étal voisin. Il s'agit d'un état d'esprit fondamental. Cette règle s'applique dans les achats de tous les jours, pas que sur les marchés.

En Guadeloupe, la zone de Jarry est incontournable, avec ses 300 hectares d'industrie, de bureaux et de commerces. Bien que située sur une petite île, elle est la troisième plus grande zone d'activité de France. Sa démesure souffre de multiples maux :

— Des embouteillages considérables.

- Au nombre important de clients qui circulent s'ajoutent les professionnels exerçant leur activité.
- Les horaires de prise de travail et d'ouverture des commerces et des administrations sont assez proches.
- Beaucoup se retrouvent sur la route pendant la plage horaire du repas de midi.

— Une signalisation parfois incompréhensible.

- Les panneaux indicateurs mentionnent des noms de sections qui nécessitent d'avoir en tête leur situation géographique.
- Les rues bénéficient de plaques, encore faut-il les trouver, mais d'une numérotation rare ou invisible.
- Le GPS intégré au véhicule est d'une aide limitée quand il n'y a pas de numéro de rue ou que la section lui est inconnue. La cartographie de Media Nav est trop ancienne même sur les véhicules neufs, les mises à jour semblent ignorer les Antilles. Waze est bien plus efficace.
- La meilleure solution consiste à téléphoner pour se faire guider, ou préparer son voyage sur Internet (en exploitant les cartes Michelin, Mappy, Google Maps, IGN sur Géoportail ou autres).

— Une sectorisation inexistante des offres.

- Les entreprises se sont installées de façon anarchique. Une centrale à béton peut côtoyer un fournisseur de matériel de bricolage électroportatif et un assureur. Pour comparer des prix, il est rarement rentable d'aller prospecter plusieurs magasins.

L'approche des clients par les commerçants est semblable à celle pratiquée en métropole. Dans un magasin spécialisé, le vendeur propose ses services pour vous renseigner. Cependant, la notion de renseignement peut aller bien au-delà du sens convenu en métropole. Si vous demandez un article que le vendeur ne possède pas, soit parce qu'il n'est pas proposé par le magasin, soit parce qu'il est indisponible, il est fréquent que celui-ci indique où vous pourrez le trouver... ou pas. Quelques exemples de réponses vécues :

– Je n'en ai plus. Mais si vous allez chez « *** », ils en ont peut-être encore.

– Inutile de chercher, il n'y en a plus dans aucun magasin en Guadeloupe.

– Attendez, je téléphone à « *** », il me dira s'il en a.

– Cet accessoire, ne le prenez pas ici, c'est moins cher ailleurs.

En voici les raisons :

– Les marchandises arrivent pour la plupart par bateau, avec un délai moyen d'un à deux mois. Les commerçants font une commande, mais ne sont pas certains de ce qui sera livré dans le conteneur. C'est la surprise au déballage.

– Les vendeurs sont des Guadeloupéens. Ils sont confrontés eux aussi au problème de la vie chère et favorisent la débrouille. L'entraide est inscrite dans leurs gènes.

Pour vos équipements, pensez au SAV (Service après-vente). La plupart des enseignes sont franchisées, donc n'attendez pas de leur part le même service qu'en métropole. Certaines sous-traitent le SAV et vous envoient dans des coins perdus essayer de trouver le réparateur. De plus, le contrat qui les lie n'est pas pérenne, l'enseigne peut décider de changer de prestataire. Avant l'achat, renseignez-vous sur les conditions de garantie, cela peut constituer un critère de choix d'achat chez un commerçant plutôt qu'un autre.

Fiche n°26 - Routes

Les routes de Guadeloupe sont rustiques. En gros, une nationale ici équivaut à une départementale métropolitaine. L'île est petite, le nombre de routes à 4 voies où il est possible de rouler à 110 km/h est très limité. Les voies de circulation sont pour la plupart dangereuses. Le nombre de décès sur la route est effrayant, en moyenne un par semaine. Les piétons et les deux roues constituent les principales victimes. Évitez autant que possible de rouler la nuit, au risque de vous faire quelques frayeurs avec des piétons vêtus de noir en pleine séance de jogging sur une petite route, des véhicules aux feux défaillants ou des nids-de-poule conséquents. Au-delà de comportements insensés, il convient d'ajouter le fait que les routes disposent rarement de bas-côtés utilisables par les piétons, encore moins de pistes cyclables. Dans certaines sections, les enfants sont contraints de marcher sur la route pour aller à l'école et en revenir, ils n'ont pas d'autre choix.

La circulation est difficile sur la majeure partie de l'île, beaucoup de rues et de routes débouchent sur les nationales surchargées. De ce fait, les automobilistes sont courtois. Ils n'hésitent pas à stopper pour laisser un véhicule s'engager sur la chaussée. S'ils ne le faisaient pas, le pauvre individu pourrait attendre longtemps que la voie soit libre. Vous remarquerez que ceux qui se collent au véhicule précédent pour empêcher une voiture de s'incruster sont presque toujours des métros fraîchement arrivés sur l'archipel. Ils comprendront assez vite que ce comportement incivil est nuisible lorsqu'ils voudront sortir d'une rue bloquée par un flot continu de circulation. À ce propos, un coup de klaxon est à interpréter comme un remerciement lorsque vous rendez service. Il est rare qu'il soit un signe de mécontentement.

L'auto-stop se pratique fréquemment, surtout Côte sous le Vent où les transports en commun sont erratiques. L'auto-stoppeur se signale en levant l'index. S'il lève le pouce, c'est un touriste. Prenez quelqu'un en stop, il se confond en remerciements. Certains sont muets, d'autres bavards.

La circulation est assez pénible aux heures de pointe. La zone industrielle et commerciale de Jarry, lieu de travail d'une majorité de la population et d'attraction du chaland, souffre d'embouteillages importants. Un trajet de 20 minutes vers le centre de Jarry le dimanche peut passer à 2 heures en semaine. Certains partent au travail à 5 ou 6 heures du matin alors qu'ils ne commencent leur activité qu'à 8 heures. Ils préfèrent passer du temps dans la voiture en attendant l'ouverture (en lisant ou en écoutant la radio), plutôt que le perdre dans les bouchons.

Les mouvements de grève peuvent avoir comme conséquence des embouteillages monstrueux. Si les grévistes décident de bloquer la Guadeloupe, il leur suffit de positionner quelques équipes aux points stratégiques que constituent les ronds-points de grande circulation. Les répercussions sont immédiates.

Il n'existe quasiment pas d'horaires favorables aux déplacements, toutefois des moments de respiration se produisent quand les vacances scolaires rendent la circulation plus fluide.

– Informations sur la gestion du réseau routier par le syndicat mixte Routes de Guadeloupe :
https://www.routesdeguadeloupe.fr/

Fiche n°27 - Pénuries d'eau

La Guadeloupe est réputée pour ses nombreuses rivières et cascades. Elle est surnommée « l'île aux belles eaux ». Une bonne partie de la population n'a pas accès à l'eau courante régulièrement. Des abonnés possèdent des compteurs, des robinets... mais pas d'eau au bout du tuyau, ou juste un filet, parfois à certaines heures. Les « tours d'eau » désignent une programmation indiquant aux usagers quels jours ils disposeront de l'eau courante. Quand celle-ci arrive, c'est loin d'être un gros débit, certains remplissent des bassines et des baignoires pour faire des réserves. Les tours d'eau sont habituels, surtout en Grande-Terre et, curieusement, sur le sud de la Basse-Terre aux nombreuses rivières équipées de captages. Pour résumer la problématique : les réseaux d'eau n'ont pas été entretenus, l'argent réservé à cet effet a été dilapidé. Les politiciens au pouvoir ont beaucoup de difficultés à s'accorder pour résoudre le problème, malgré l'intervention de l'État.

Si vous résidez dans une maison, équipez-vous d'un réservoir tampon pour l'eau courante, à minima d'une citerne de récupération d'eau de pluie. Cette dernière vous sera utile pour l'arrosage, mais aussi en cas de coupure d'eau lors d'un ouragan ou des fameux tours d'eau.

Commune par commune, résultats des analyses du contrôle sanitaire des eaux destinées à la consommation humaine :
https://orobnat.sante.gouv.fr/orobnat/afficherPage.do?
methode=menu&usd=AEP&idRegion=01&fbclid=IwAR3tpxe
ohv07_12nC_qSk69ayNJy4ZDeGOw-
ZvfXhsvyYAx22ENol7hpO3I

Le site du syndicat de l'eau :
https://www.smgeag.fr/

Fiche n°28 - Élections

Les méthodes de propagande pour les élections sont assez savoureuses. Nul besoin de sortir de chez soi, les candidats apportent la bonne parole grâce à un mégaphone fixé sur une voiture. Ils s'arrêtent à différents endroits et diffusent leurs harangues, parfois suivies ou précédées d'une chanson à la gloire du candidat.

À ces occasions, si votre habitation n'est pas parfaitement isolée phoniquement, il vous est impossible d'échapper aux discours.

Compte tenu du décalage horaire, les Antillais votent une journée avant la métropole. Comme la campagne électorale doit s'arrêter 24 h avant le passage aux urnes des citoyens, un black-out des informations est établi dès le jeudi soir. Les émissions à caractère politique et les journaux ne sont plus diffusés, avec quelques incohérences, rien n'est parfait... Évidemment Internet permet de regarder dans les conditions du direct les chaînes Françaises normalement, y compris les chaînes et radios étrangères qui ne sont pas soumises à la même censure.

Fiche n°29 - Rhum

Le rhum est la boisson locale par excellence, incontournable pour les touristes comme pour les résidents. De nombreuses rhumeries perdurent en Guadeloupe au grand bonheur de tous. Le rhum agricole est le meilleur, il est produit directement à partir du jus de canne. Le rhum industriel distillé à partir de la mélasse est moins onéreux, mais il ne peut pas rivaliser gustativement avec le rhum agricole. Je ne m'étendrai pas sur les rhums vieux, punchs, planteurs et rhums arrangés, ils sont divers et nombreux.

Le punch est souvent proposé aux convives, il est constitué de rhum blanc, de sucre de canne et de citron vert. En plaisantant, certains l'appellent CRS, Citron Rhum Sucre. Le nom usuel est « ti-punch », servi à température ambiante. L'hôte vous fournit un petit verre et une cuillère à café, puis il pose sur la table une bouteille d'un litre de rhum blanc, 40° à 59° selon les origines, un pot de sucre de canne (ou de miel, ou tout autre arrangement maison sucré), une coupelle avec un citron vert, et un couteau. La suite est un rituel immuable. Chacun se sert du sucre, se coupe un quartier de citron, puis pile soigneusement le tout au fond du verre, sans précipitation. Ensuite, le sucre fondu dans le jus de citron est arrosé de rhum. Certains restaurants apportent le CRS déjà préparé, un scandale pour un Antillais. Couramment, la bouteille de rhum est posée sur la table, puis elle circule d'un client à l'autre qui se sert à volonté. Parfois, une table dans la salle est à disposition avec tout le nécessaire en libre-service, en plus du planteur et divers rhums.

Le rhum blanc, sec, servi dans les bars ou entre amis est nommé de différentes façons très évocatrices :
–le « décollage », pris le matin, au lever du jour ;
–le « sec », ou « fé » (feu), pris à n'importe quelle heure ;
–le « pété pié » après le repas du midi, une invitation à la sieste,

ou celui du soir qui mène au lit ; il peut être suivi d'un autre « pété pié », car il en faut un pour le deuxième pied, sinon on a une démarche bancale.

D'autres appellations existent, je n'ai cité que les plus usuelles.

Le planteur est le deuxième type d'apéritif souvent proposé, servi très frais. Il est préparé avec du rhum blanc, du sucre de canne et du jus de fruits. Les meilleurs planteurs sont réalisés avec des fruits fraîchement pressés. Le planteur classique est constitué de 1/3 de rhum blanc à 40° et de 2/3 de jus de fruits (goyave, orange, ananas, citron vert) additionnés de sucre de canne et d'épices. Cependant, les recettes sont multiples, elles varient à l'infini en fonction des goûts de chacun.

Fiche n°30 - Garagistes

Les types de stations pour l'entretien et la réparation des voitures sont multiples, comme en métropole. Sauf qu'en Guadeloupe il existe des garages en campagne qui sont loin de respecter les normes en vigueur, en particulier concernant l'environnement. Ils disposent d'une forte clientèle attirée par les tarifs pratiqués plus faibles grâce à un non-respect des règles environnementales. Pour ceux-ci, la réparation des véhicules s'opère sur la terre battue, au mieux sur une dalle de béton. Ces garages conservent des épaves de voitures dans lesquelles ils puisent des pièces détachées. Les véhicules hors d'usages finissent rouillés et envahis par la végétation.

Les pièces détachées et l'entretien courant sont nettement plus onéreux qu'en métropole, il peut être avantageux de se faire envoyer des pièces par un parent ou un ami, de profiter de leur visite sur l'île, ou d'un retour temporaire en métropole.

Fiche n°31 - Guadeloupéens

En métropole, évoquer la Guadeloupe, et les Antilles en général, ramène souvent à l'image d'une population indolente. Une fois sur place, vous constaterez qu'effectivement personne ne marche d'un pas pressé dans la rue, aucun ne court d'un commerce à l'autre. L'empressement est plutôt une tare qui sévit dans les aires urbaines importantes. Les Guadeloupéens sont en forte majorité conviviaux. Lorsqu'on se croise, il y a toujours un échange de politesse même en rencontrant de parfaits inconnus, fait de paroles variant selon les endroits. Les expressions françaises « ça va », « bonjour » (le matin), « bonsoir » (dès midi passé), se mêlent aux expressions créoles « sa kay » ou « sa ka maché ». Toutefois, dans les grandes villes ou sur les lieux très touristiques, les inconnus se croisent la plupart du temps sans s'adresser un mot. En dehors de ces endroits, le tutoiement est courant même pour des relations commerciales. Dans les longs échanges, comme les plus brefs, l'accueil et les conversations se veulent agréables, un sourire apporte un sourire. La fréquente bonne humeur est indescriptible, les rires sont toujours éclatants. Si vous disposez de temps, vous pourrez faire de très belles rencontres, riches d'échanges, parfois philosophiques, parfois historiques, toujours enrichissantes. Les discussions d'alors peuvent durer des heures grâce à leur contenu foisonnant d'anecdotes, de faits historiques, de réflexions sur le sens de la vie... Vous trouverez en Guadeloupe la quiétude du temps d'antan (celui de votre enfance ou de vos parents?). Les conversations dans un magasin entre clients, et avec le commerçant, peuvent occuper de longs moments.

La zen-attitude est parfois liée à la drogue. Il est facile de se procurer du cannabis. Toutefois, des drogues dures circulent aussi. Ne soyez pas surpris lorsqu'un individu fait la manche en vous demandant 2 euros. Ici, les mendiants fixent les tarifs, selon le prix d'une dose de drogue. L'impression de racisme rapportée par certains est due à des comportements négatifs de part et d'autre, souvent issus d'idées préconçues. C'est le lot dans une population d'avoir quelques individus asociaux, ils sont peu nombreux.

La foi en Dieu s'exprime dans le langage de tous les jours. Un créole ne dit pas « au revoir », mais « à demain si Dieu le veut ». Les rituels des lieux de culte sont bien établis. Les hommes se rendent à l'église ou au temple vêtus de pantalons noirs et de chemises blanches, tandis que les femmes portent avec élégance des robes en madras et une coiffure typique des Antilles.

Bien que beaucoup soient en surpoids (la quantité de sucre consommé en est fortement responsable), ils ne sont pas complexés vis-à-vis de leur image. Limités à l'essentiel, les vêtements sont souvent moulants. Les défilés carnavalesques démontrent que les créoles sont heureux, fiers de leur corps et de leur tenue, s'arrêtant pour prendre la pose dès que quelqu'un s'approche avec un appareil photo.

Le coutelas est le couteau suisse du Guadeloupéen. Il possède une lame de plusieurs dizaines de centimètres. Il s'agit d'un sabre pour couper la canne qui a trouvé bien d'autres usages. Il est utilisé pour sarcler, débroussailler, couper les noix de coco, nettoyer un outil, etc. Tous en possèdent un. Ne soyez pas surpris en voyant un sabre porté en ceinture sur un vélo, une Grenat[8], un scooter, ou tenu à la main par un piéton. Heureusement, il est peu utilisé pour régler des différends lorsque le ton monte. Les Guadeloupéens présentent cette qualité admirable de rendre service. Par exemple, le prêt de matériel est répandu.

Pour terminer, une note sur Activiste Shatta. Elle a créé une

---

[8] Ce nom typique donné aux vélomoteurs Motobécane vient de sa couleur. Ils étaient très prisés sur l'île dans les années 60.

vidéo « Qui sont ces "Métros" qui s'installent en Martinique ? ». Elle fait référence au livre « Les Métropolitains à la Martinique », un ouvrage universitaire écrit par deux chercheurs, l'un en sociologie politique au CNRS, l'autre Maître de conférences à l'Université des Antilles. 40 minutes de film indispensables qui ne concernent pas que la Martinique.

https://www.youtube.com/watch?v=DnlPhi2Q2ig

Fiche n°32 - Cyclisme

Le vélo constitue le moyen de transport par excellence. Il est beaucoup utilisé, surtout par les jeunes pour son côté économique. La bicyclette est aussi populaire que le carnaval. Sa pratique sportive attire toutes les générations, tant chez les amateurs que chez les professionnels.

Le « Tour de Guadeloupe » est fort suivi par la presse. Il amène au bord des routes de nombreux spectateurs qui encouragent leurs vedettes. Ceux qui ont la chance d'habiter au bord d'une nationale ou à proximité, voient passer une ou plusieurs fois les coureurs pendant la compétition. La petitesse de l'île oblige les organisateurs à définir des circuits qui seront empruntés dans un sens, puis dans l'autre, ou partiellement sur des trajets déjà courus lors d'une autre journée.

Toutefois, le cyclisme est une pratique dangereuse liée à l'état médiocre des routes, aggravé par des comportements de conducteurs de véhicules motorisés pas suffisamment attentifs ou respectueux de la vitesse. Malgré cela, la passion l'emporte toujours, un cycliste accidenté reprendra son vélo dès qu'il se sera remis de ses blessures.

Heureusement, le réseau de pistes cyclables est en développement :
https://la1ere.francetvinfo.fr/guadeloupe/la-guadeloupe-etoffe-son-reseau-de-pistes-cyclables-1440290.html

Fiche n°33 - Événements culturels

La musique et les chants se trouvent toujours associés aux anniversaires, aux communions, aux baptêmes, au Nouvel An et toute autre manifestation. Les sonos fleurissent partout à l'occasion de regroupements en famille ou entre amis, dans les maisons, les gîtes, en mer près d'un îlet, en bord de mer, de lacs et de rivières. Les restaurants n'échappent pas à ce déferlement de musique très apprécié.

Pâques : la transhumance

Les fêtes religieuses sont très suivies et respectées. Des jours de congés supplémentaires sont définis en conséquence. Pâques constitue une fête exceptionnelle, elle coïncide avec les vacances scolaires. Ainsi, elle donne lieu à de grands rassemblements familiaux. À la veille des vacances de Pâques, les Guadeloupéens partent, voitures chargées à bloc, pour se retrouver sur une plage ou au bord d'une rivière de l'archipel afin de camper en famille et entre amis. Les tentes sont installées, tels des îlots de résidences familiales, dans des espaces qu'ils se sont réservés. Le phénomène a pris une telle ampleur que certaines plages sont équipées de toilettes publiques provisoires. De plus, des arrêtés sont pris pour interdire l'annexion de territoires qui empêchent la libre circulation, voire l'accès aux plages. En effet, au cours de ces dernières années, des clôtures physiques venaient à être dressées ou des bandes de rubalise tirées d'arbre en arbre pour n'autoriser le passage qu'aux seules familles installées pour la semaine. Ce n'est plus le cas.

Ces mini-villages familiaux de tentes réunissent plusieurs générations, du nouveau-né à l'ancêtre centenaire. Apéros, repas, baignades se succèdent sur un rythme indolent. Les enfants sont ravis de retrouver leurs cousins, de pouvoir s'ébattre hors des contraintes d'un appartement. Le visiteur de passage est toujours le bienvenu.

Nouveaux résidents, vous êtes prévenus. Si vous voulez passer un moment en solitaire au bord de l'eau, évitez cette période.

Carnaval

De façon indéniable, le carnaval a su s'instaurer en tant qu'événement le plus populaire de la Guadeloupe. Pendant l'année entière, chaque membre des groupes carnavalesques s'investit dans la préparation des costumes et s'entraîne aux chorégraphies qui seront jouées.

Le programme édité par la Fédération Guadeloupéenne du Carnaval recense toutes les manifestations.

https://www.facebook.com/profile.php?id=100070142222911

L'événement se déroule sur les premiers mois de l'année. Il débute le dimanche de l'Épiphanie pour culminer le Mardi gras et le mercredi des Cendres. La Mi-Carême voit sa conclusion avec un défilé en rouge et noir. En plus des manifestations en semaine, tous les week-ends de cette période sont consacrés à des parades dans les diverses communes de l'archipel. Les groupes sont alors soumis en fin de défilé à des concours devant un jury pour l'attribution de prix : chorégraphie, costume, musique... Les messages politiques et les caricatures sont devenus rares. Le carnaval est une passion coûteuse pour cette cinquantaine de groupes qui défilent tous les ans dans un déluge de couleurs afin de partager leur joie pendant cette immense fête.

Si vous ne pouvez assister qu'à un seul défilé, n'hésitez pas : la parade du mardi-gras à Basse-Terre, très festive, cumule les avantages d'authenticité, de bonne humeur et de connivence.

– Un site (parmi d'autres) pour suivre les actualités dans les Petites Antilles :

https://travelart.fr/

Fiche n°34 - Paysages

Les paysages sont fabuleux, tant en mer que sur terre. L'archipel de la Guadeloupe offre une multitude de sites variés : montagnes, volcan, plages, criques, îlets, etc. Même si les montagnes ne sont pas très élevées, les chemins de randonnée appelés « traces » proposent des parcours de différents niveaux, faciles à difficiles, avec des durées d'une dizaine de minutes à plusieurs heures, voire jours. Les traces les plus parcourues par les randonneurs serpentent dans la forêt tropicale à la végétation luxuriante. D'autres, sur Grande-Terre, nécessitent une bonne protection contre la chaleur et le soleil, car la végétation offre peu d'ombre.

Vous pourrez contempler de beaux panoramas, des cascades appelées « sauts », des arbres et des fleurs grandioses, ainsi que des animaux typiques de la Caraïbe. Les traces peu empruntées sont favorables à des découvertes passionnantes.

Sites touristiques

Les publications destinées aux touristes sont nombreuses. Elles citent les endroits à voir, les excursions diverses à entreprendre, les bonnes tables, les musées, etc. Je vous les recommande. Je ne livre pas ici un catalogue qui n'aurait que des imperfections :

- les sites aménagés pour le tourisme peuvent partir en déshérence faute d'entretien ou d'une fermeture définitive ;
- un parc peut passer de « super » à « nul », puis à nouveau « super » en fonction des investissements des propriétaires ;
- la qualité d'une animation ou d'une excursion reste subjective ;
- les traces de randonnées peuvent devenir impraticables après une tempête (consultez les informations fournies par le Parc national de la Guadeloupe).

– Parc National de la Guadeloupe, randonnées :
https://www.guadeloupe-parcnational.fr/fr/des-decouvertes/activites-de-pleine-nature/randonner

Végétation

La forêt tropicale vous surprendra par sa densité, ses arbres immenses, ses fleurs riches en couleurs et aux formes incroyables, et des lianes grosses comme des troncs d'arbre. Certaines traces permettent de parcourir les différents types de forêts en grimpant depuis la forêt littorale, puis la forêt sèche, pour terminer dans la forêt humide. Méfiez-vous, ne mettez pas vos plus beaux habits en forêt, ou ne serait-ce que dans un jardin. Le latex est présent dans beaucoup de végétaux. En plus de ses propriétés adhésives, il laisse sur les vêtements des tâches indélébiles qui apparaissent après le lavage. De plus, il peut être irritant.

De même, méfiez-vous de certaines plantes qui peuvent se révéler urticantes. En particulier, tenez-vous à l'écart du mancenillier dont la sève provoque de sévères brûlures. Ses fruits en forme de petites pommes rondelettes sont attirants, mais mortels. En cas d'ingestion, appeler les secours et boire de l'eau de mer en attendant.

Fiche n°35 - Faune

La faune est variée, elle procure une ambiance sonore très bruyante, que ce soit en ville, en campagne ou dans les bois. La nuit encourage tous les animaux à appeler leurs belles. Plus l'animal est petit, plus son chant est insupportable. En particulier, une grenouille minuscule possède un cri disproportionné par rapport à sa taille. Vous ne pourrez pas échapper à cette espèce protégée, quel que soit l'endroit où vous résidez. Certains insectes ont la capacité de rendre fou si l'un d'entre eux est entré dans la maison. Dans ce cas, vous n'aurez de cesse que de le chasser.

La Guadeloupe n'héberge pas de grands animaux sauvages. D'ailleurs, aucun animal mortel ne sévit dans l'archipel. Les serpents ne sont pas venimeux[9] pour l'homme. Les requins chassent au large dans les eaux profondes, ils ne sont rencontrés que par les pêcheurs et les clients de leurs étals lorsqu'ils en capturent. Il est possible d'observer à Petite-Terre le requin-citron en eau peu profonde sur fond de sable. Il ne présente pas de danger pour l'homme. Toutefois, cela ne signifie pas que les animaux sont inoffensifs. Certains peuvent blesser le malheureux qui les touche :

– en mer, gardez-vous des oursins, des murènes, des méduses, des raies-torpille, des raies léopard et pastenague, des coraux de feu, des vers de feu, ainsi que des poissons-lions[10] ;
– sur terre, les mangoustes, les ratons laveurs, les rats, les animaux domestiques (chien, chat) peuvent mordre, les taureaux peuvent se révéler dangereux, la scolopendre est un arthropode à la morsure douloureuse par injection de venin.

---

[9] En Martinique, le Fer de Lance (Trigonocéphale) est endémique et dangereux pour l'homme. Il ne réside pas dans l'archipel guadeloupéen.
[10] Ceux-ci sont arrivés récemment dans la mer des Caraïbes.

Concernant les rats, ceux-ci sont vecteurs d'une maladie mortelle si elle n'est pas décelée à temps, la leptospirose véhiculée par leur urine. Il est impératif de ne jamais manger un fruit sans l'avoir lavé auparavant, qu'il soit trouvé à terre ou cueilli ;

– en rivière, rien à craindre.

Certains poissons de mer sont vénéneux, ou devenus toxiques parce qu'en fin de chaîne. Ces derniers concentrent la toxine d'une algue qui provoque la ciguatera. Cette maladie génère des troubles intestinaux et nerveux, des étouffements, des chutes de tension, la chute des cheveux, la perte de dents et autres désagréments, parfois des décès. Les pêcheurs professionnels connaissent bien les espèces dangereuses à la consommation, ils les rejettent à l'eau. Méfiez-vous des pêches amateurs ou des ventes de produits de la mer d'origine incertaine.

De plus, la Guadeloupe subit les conséquences du chlordécone, un insecticide toxique abondamment utilisé autrefois. Ce poison chimique, aujourd'hui interdit, a pollué fortement les sols, les cours d'eau et la mer. Pour cette raison, les produits de la pêche sur de vastes zones en mer et la commercialisation de certains fruits et légumes provenant du sud de la Basse-Terre sont interdits à la consommation.

Fiche n°36 - Moustiques

Tout le monde connaît les moustiques, je ne vais m'appesantir que sur les moyens de lutte.

D'abord, ce qui ne marche pas :

- La citronnelle ne les repousse plus, elle aurait plutôt tendance à les attirer. L'évolution leur a fait comprendre que l'odeur de citronnelle indique l'arrivée de touristes à la peau tendre gorgée de bon sang. Pour le vérifier, il suffit de se rendre à l'arrivée des voyageurs à l'aéroport pendant la haute saison touristique.
- La climatisation ne les fait pas fuir, ils sont juste un peu moins vigoureux. De plus, ils restent en embuscade dans les meubles et les penderies.
- Les bracelets imprégnés d'antimoustiques. Piquer juste à côté ne les gêne pas le moins du monde.
- Les gadgets électroniques, générateurs d'ultrasons. Au mieux, ils donnent une belle migraine.
- Les astuces de grands-mères.

Ensuite, ce qui fonctionne :

- Les produits répulsifs à se vaporiser sur la peau, uniquement ceux avec la mention « zone tropicale ». La protection est efficace, mais ils ne sont utilisables que sur une période limitée. Au bout d'une semaine, des sensations de brûlure peuvent se faire ressentir, la peau ne résiste pas au traitement sur une longue durée. Toutefois, utilisez-les si vous vous rendez pour une courte période dans un endroit où les moustiques pullulent.
- Les produits répulsifs à vaporiser sur les vêtements. Hélas, les parties de peau non couvertes ne sont pas protégées.

- Autour d'un lit, une moustiquaire est redoutablement efficace, sous plusieurs conditions :
  - La peau ne doit pas être en contact avec la toile, puisque les moustiques sont capables de piquer au travers.
  - Préférez la forme rectangulaire à celle en forme de parapluie, car votre peau se trouve automatiquement plus éloignée de la moustiquaire, de plus la sensation de confinement est nettement moindre.
  - La toile ne doit pas être percée.
  - Assurez-vous que la fermeture est efficace par le recouvrement de la toile.
  - Vérifiez en vous couchant qu'un moustique ne s'est pas introduit. Si vous entendez le vol d'un moustique qui s'approche, c'est qu'il est à l'intérieur de la moustiquaire. Si vous entendez un moustique voler, mais toujours à la même distance, avec la sensation qu'il s'énerve, c'est qu'il est de l'autre côté de la moustiquaire.

Ce qu'il faut éviter :

- Les couleurs sombres. Le moustique est impossible à voir quand il est posé sur quelque chose de sombre. Il adore le noir qui le rend presque invisible. Pour les vêtements, le mobilier, les revêtements du sol, la peinture des cloisons, il est préférable de choisir des couleurs claires.
- Les cachettes. Les tiroirs, les piles de linge, les bibelots, les appareils divers constituent pour les moustiques de belles planques en attendant leurs victimes. Vous constatez facilement leur attractivité si en déplaçant un objet une nuée de moustiques s'éparpille. Dans ce cas, il convient de s'interroger sérieusement sur le remède à apporter.
- Les vêtements moulants, même de couleurs claires. Le moustique pique au travers du tissu.
- Le ventilateur constitue un moyen de protection, toutefois

sporadique. En effet, le moustique est un insecte léger facilement emporté par le vent. Cependant, il ruse pour se protéger des courants d'air en profitant des abris sous le vent que votre corps lui offre.

Enfin, suivez ces quelques conseils :

Tuez le moustique, seul son anéantissement est réellement efficace. Si vous ne faites que le chasser, il reviendra vous piquer autant de fois que nécessaire pour se nourrir. Chassé 3 fois, il vous piquera 4 fois. Une fois repu, il est facile à tuer, son vol est lourd. Cependant, les traces de sang quand on l'éclate prouvent une mise à mort trop tardive, il a déjà piqué. Mais il n'aura plus de descendance, c'est une bonne chose. Voici quelques moyens de lutte éprouvés :

– supprimez les gîtes larvaires potentiels, c'est-à-dire tous les endroits qui pourraient contenir une eau stagnante où le moustique déposera ses œufs ;

– installez un bassin avec des poissons carnivores (guppys, platys ou autres), ils mangeront les larves des moustiques ;

– placez dans chaque pièce une raquette électrique que vous utiliserez contre les moustiques. Celle-ci constitue une belle invention, mais attention où vous mettez les doigts ;

– installez un piège à moustiques qui les aspire et les dessèche ; il n'anéantit pas tous les moustiques environnants, mais il est très efficace pour en réduire la quantité. Remplacez le sachet attractif quand vous constatez une recrudescence de la population de moustiques.

Maladies apportées par les moustiques

En cas de pandémie, le risque de contracter les maladies transmises par les moustiques est élevé.

Les symptômes du chikungunya sont violents. En moyenne, ils entraînent un arrêt de travail d'une dizaine de jours.

Le virus Zika est une maladie virale dangereuse pour les fœtus qui peuvent subir de graves anomalies lors du développement cérébral. Les symptômes pour l'adulte sont moins violents que pour le chikungunya.

La dengue existe sous quatre formes, deux sévissent périodiquement en Guadeloupe. Les symptômes sont presque aussi violents que ceux du chikungunya. La maladie peut se révéler mortelle dans les cas de dengue hémorragique.

Les yens-yens

Ces moucherons appelés yen-yen en Guadeloupe sont souvent assimilés à tort à des moustiques. Ils vivent en bande, ne piquent pas, mais mordent pour se nourrir de la peau. Ils vivent dans la mangrove de bord de plage et sévissent dans les endroits à l'ombre, plus particulièrement au coucher du soleil. Les morsures sont immédiatement ressenties, surtout que les yens-yens attaquent toujours en bandes. Si vous êtes assaillis éloignez-vous au plus vite des arbres pour vous placer en plein soleil.

Fiche n°37 - Bateau

Plaisance

Au cœur du souhait de vivre dans les îles, le bateau occupe souvent une bonne place.

Le port de Baie-Mahault (Jarry) associé à Pointe-à-Pitre constitue le principal port de passagers et de marchandises. Trois marinas offrent de bons services, à Pointe-à-Pitre, Saint-François et Gourbeyre, pour l'accastillage, l'entretien courant et la sortie de l'eau pour le carénage. Quinze ports de pêche sont présents dans l'archipel guadeloupéen, dont certains sont polyvalents (pêche et plaisance). De simples abris sont utilisés par des petites embarcations de pêche, parfois pour un mouillage de plaisance.

Vous pouvez louer un bateau, les offres sont variées et nombreuses pour répondre aux besoins des touristes. Si vous optez pour l'achat d'un bateau de type hors-bord de petite taille, prenez aussi une remorque. Elle est indispensable pour sortir et remettre à l'eau votre bateau afin :

– d'effectuer les opérations d'entretien ;

– de le mettre à l'abri en cas d'ouragan.

Les emplacements dans les ports sont payants si des services sont fournis. Lorsque ce n'est pas le cas, les emplacements sont libres, mais renseignez-vous auprès des plaisanciers et des pêcheurs installés. La côte, aux baies et plages nombreuses, permet des mouillages forains, parfois des appontements sont disponibles.

Les marées sont faibles, de moins d'un mètre, toutefois il convient de s'en informer lorsque vous naviguez dans les culs-de-sac marins où la profondeur est faible. Si vous naviguez à marée haute près de hauts fonds, pensez qu'à marée basse le passage ne sera peut-être plus possible. Suivez les informations diffusées lors de la saison cyclonique afin de mettre en sécurité votre bateau en cas d'ouragan ou de tempête. Certains le sortent de l'eau, seuls s'ils disposent d'une remorque, ou en faisant appel à une grue mobilisée à cette occasion pour plusieurs embarcations moyennant une contribution financière. Mettre à sec un bateau n'apporte pas de garantie de sauvegarde en cas de forte tempête, mais il risque moins que dans l'eau. Certains mènent leurs bateaux dans la mangrove pour les mettre à l'abri.

Le milieu marin, associé aux températures tropicales, est très agressif. La périodicité d'entretien préconisée d'un moteur est de :

- 1 an ou toutes les 100 h pour la vidange du moteur et de l'embase, plus le remplacement des filtres et des anodes si nécessaire ;
- 3 ans ou toutes les 300 h pour des opérations identiques à la révision de base, complétées par le remplacement de la turbine de pompe à eau, des bougies et des courroies.

Le coût d'entretien du moteur est raisonnable, des mécaniciens le font en leur atelier, au port ou à votre domicile.

Voile traditionnelle

De nombreuses courses de bateaux sont organisées sur la base canots à voile ayant servi historiquement à la pêche et au transport dans l'archipel, appelés canots saintois.

Des compétitions sont organisées tous les ans lors des fêtes patronales. De plus, trois événements d'importance se déroulent dans l'archipel, le Traditour, le championnat de Guadeloupe de voile traditionnelle et le tour de Guadeloupe en voile traditionnelle.

Fiche n°38 - Bons côtés de la Guadeloupe

Je vous propose ici une liste des avantages de la Guadeloupe que vous pourrez compléter ou amender pour élaborer votre propre liste :

- La douceur de l'archipel Guadeloupéen est fantastique.
- L'ensoleillement et les températures estivales toute l'année ont des bienfaits indéniables pour la santé, cependant il faut être vigilant sur les risques cardio-vasculaires et pour la peau.
- Qualité du sommeil et faible stress.
- Le savoir-vivre ensemble est particulier aux îliens.
- Les plages, les montagnes, la flore exubérante et la faune rappellent l'omniprésence de la nature.
- Les ressources culinaires sont riches et variées.
- Les sports (en plein air et en salle) et les loisirs (dont les théâtres, les cinémas et les musées) sont dopés par les offres touristiques et l'attrait des résidents pour les contacts sociaux et la communion avec la nature.
- La proximité avec les autres îles de la Caraïbe, les États-Unis, le Canada, etc. offre de nombreuses possibilités, tant professionnelles que touristiques.
- L'offre alimentaire est généreuse en poissons frais, en crustacés, en légumes et fruits tropicaux rares en métropole. Les possibilités de restauration sont importantes au vu des nombreux restaurants, snacks et ventes à emporter pour des tarifs modestes.
- La créativité est omniprésente, les talents sont nombreux dans plusieurs secteurs, artistiques, culinaires, industriels, etc.
- Les traditions, en plus du carnaval, contribuent à la richesse culturelle de l'archipel.

Fiche n°39 – Aides à l'installation, au retour et mutations

L'installation dans les Antilles françaises est facilitée dans le cas d'une mutation, puisque l'activité professionnelle est maintenue et certains frais sont pris en charge par l'employeur.

Les règles des mutations diffèrent selon les secteurs et les organismes. Dans la fonction publique, les mutations sont régies par des critères précis (ancienneté, besoins des services, etc.). Les mutations dans le secteur privé dépendent des politiques internes des entreprises ou de besoins spécifiques, telle la création d'une agence outremer.

En dehors des mutations, des aides peuvent être fournies lors d'un plan de sauvegarde de l'emploi, d'un congé de reclassement ou d'une rupture conventionnelle (assistance de France Travail, par exemple pour la création d'entreprise). La demande s'effectue auprès du responsable hiérarchique ou du responsable des ressources humaines. Le délégué du personnel ou syndical peut apporter des conseils et soutenir la demande.

Des groupes référencés sur le net apportent leur aide pour les candidats au retour au pays:

– Alé Vini, Guadeloupe
https://www.facebook.com/aleviniguadeloupe

– Alé Viré, Martinique
https://www.facebook.com/aleviremartinique

https://www.alevire.com/ale-vire/

https://www.youtube.com/channel/
UC4DyIa8v7d_bkfERRAYtS_w

– Hom'UP propose une aide à la mobilité géographique et
professionnelle
https://hom-up.fr/

Fiche n°40 - Insécurité

L'insécurité est hélas dynamisée par la circulation des armes et des drogues, phénomène inhérent à la zone caribéenne et sud-américaine.

Globalement, les vols et agressions se déroulent surtout la nuit. Comme la drogue circule facilement, soyez attentifs vis-à-vis des fréquentations de vos adolescents.

Voici 2 sites à consulter pour obtenir des informations sur la délinquance :

— https://www.guadeloupe.gouv.fr/Actions-de-l-Etat/ Securite/Prevention-securite-des-personnes-et-des-biens/ Prevention-de-la-delinquance/Plan-departemental-de-prevention-de-la-delinquance-2021-2024

et

— https://ville-data.com/delinquance/guadeloupe-971-971D

De plus, la presse fournit des informations régulières sur les faits divers présents et passés:

– https://la1ere.francetvinfo.fr/faits-divers/violence?r=guadeloupe

et

– https://www.guadeloupe.franceantilles.fr/actualite/faits-divers/

Fiche n°41 - Baignade

La baignade en mer ou en rivière peut apporter des désagréments, comme les piqûres de méduse et autres.

Voici par exemple deux sites d'information :

https://www.edenplongee.fr/Accidents-et-dangers-de-la-faune-marine-en-Guadeloupe_a289.html

https://www.rci.fm/guadeloupe/infos/Environnement/Meduses-quels-sont-les-dangers-en-Guadeloupe#

Le risque de noyade n'est pas à négliger, même des habitants qui connaissent les lieux en sont parfois victimes. Tous les ans, des cas de noyade sont relatés par la presse, en mer, en rivière comme dans les piscines des particuliers.

https://www.guadeloupe.gouv.fr/Actions-de-l-Etat/Mer-littoral-et-securite-maritime/A-la-mer-a-la-riviere-ou-a-la-piscine-attention-aux-risques-de-noyade

Généralités :
http://www.guadeloupe-info.com/prudence-a-la-mer.htm

Le site du Parc National fournit des recommandations et des informations sur la baignade et les sites de plongée :
http://www.guadeloupe-parcnational.fr/fr/des-decouvertes/activites-de-pleine-nature/se-baigner

En particulier, il permet de découvrir la nature guadeloupéenne.
https://www.guadeloupe-parcnational.fr/fr

Fiche n°42 – Billets d'avion

Trois compagnies opèrent vers la Guadeloupe depuis la France : Air-France, Corsair et Air-Caraïbes. Les avis des voyageurs sont très divers selon leurs expériences positives ou négatives. Les tarifs pratiqués actuellement (janvier 2024) sont élevés, il est impossible de dire s'il faut prendre les billets longtemps à l'avance, 1 an, 6 mois, 3 mois... Cependant, les prix pourraient baisser dans l'avenir sous la pression des responsables locaux et des voyagistes auprès des compagnies pour favoriser le tourisme. Mais il est possible aussi que les tarifs augmentent en fonction de l'évolution du contexte économique et social mondial. L'idéal est de surveiller en permanence les évolutions de prix. Parfois, partir un jour plus tôt ou plus tard peut changer fortement le tarif du billet. Il faut éviter les périodes de vacances scolaires où la demande est la plus forte. Voici des statistiques :

https://www.ou-et-quand.net/vols/guadeloupe/pointe-a-pitre/

Les tarifs sont différents pour les vols aller-retour depuis la Guadeloupe de ceux depuis la métropole. Les grands gagnants de cette singularité sont... les Guadeloupéens. Pour un déménagement, prenez un voyage aller-retour qui vous coûtera moins cher qu'un aller simple, puisque vous pourrez vous faire rembourser une partie du billet de retour (les taxes d'aéroport).

Fiche n°43 - Douane

Bien que département français, la situation géographique de la Guadeloupe implique une forte présence douanière avec des règles qui régissent les entrées et sorties de marchandises du territoire.

À votre arrivée ou retour en Guadeloupe, vous devrez déclarer les marchandises que vous avez acquises ou qui vous ont été offertes (même achetées toutes taxes comprises en métropole), lorsque leur valeur ou leurs quantités sont supérieures aux seuils des franchises.

https://www.douane.gouv.fr/dossier/guadeloupe-pour-les-particuliers

La réception de colis en provenance de l'international ou de l'outre-mer peut être assujettie à des droits et des taxes de douane. Le dédouanement est effectué par les services postaux ou les sociétés de fret express. Ils calculent les taxes et les droits de douane et ils en assurent leur acquittement. Par exemple, pour La Poste :

https://www.laposte.fr/frais-droits-douane

La réception d'un colis en Guadeloupe envoyé depuis la France hexagonale, d'un autre État de l'Union européenne ou d'un pays tiers à l'Union européenne est soumise à des formalités douanières. Le site des douanes informe sur le montant maximum de marchandises qui peut être reçu en Guadeloupe sans avoir à payer de taxes ou de droits de douane, et sur les taxes à payer en cas de dépassement du montant des marchandises reçues.

https://www.douane.gouv.fr/fiche/recevoir-un-colis-en-guadeloupe-particuliers

Pour toute question sur les marchandises à importer ou exporter, consultez le site des douanes de Guadeloupe :

— https://www.douane.gouv.fr/particuliers/vous-voyagez/vous-voyagez-en-outre-mer

— https://www.douane.gouv.fr/fiche/vous-voyagez-aux-antilles

L'envoi de végétaux de la Guadeloupe vers la France hexagonale, la Martinique, la Guyane et les autres territoires et pays de l'Union européenne doit être accompagné d'un certificat phytosanitaire, sauf cas particulier :

- https://daaf.guadeloupe.agriculture.gouv.fr/l-envoi-de-vegetaux-de-la-guadeloupe-vers-la-france-et-les-autres-pays-de-l-a1199.html

Fiche n°44 – S'informer en Guadeloupe

Avant de se décider au départ, ou avant de partir, ou même une fois sur place, il importe de s'informer sur votre destination. Statistiques Insee sur la Guadeloupe :

https://www.insee.fr/fr/statistiques?
taille=100&debut=0&geo=REG-01

La démographie en Guadeloupe :

https://fr.wikipedia.org/wiki/
D%C3%A9mographie_de_la_Guadeloupe?
fbclid=IwY2xjawE2v0pleHRuA2FlbQIxMAABHcGguEXb0vesc
xDoVvPDlNbDnwYBUGf0xGXLF177h8zhrjkwWr2MnJA_VQ_a
em_G1_S_KCEkJG2KlYQiEfDyg#:~:text=La%20population%2
0se%20concentre%20principalement,
%27arrondissement%20de%20Basse%2DTerre

Plusieurs offres de la presse écrite, télévisée et sur Internet vous permettent de suivre l'actualité.
  – Franceinfo (Guadeloupe la 1ère), par votre boxTV et Internet
https://la1ere.francetvinfo.fr/guadeloupe/

– Canal 10, par votre boxTV et sur Facebook
https://www.facebook.com/Canal10gp/

– France-Antilles (payant), journal papier et Internet
https://www.guadeloupe.franceantilles.fr/

– Le Courrier de Guadeloupe (payant)
https://lecourrierdeguadeloupe.com/

– Nouvelles Semaine (payant), journal papier et Internet
https://nouvellessemaine.fr/

Sur place, continuez à suivre l'actualité afin de ne pas être surpris par des conditions météorologiques particulières (pluies, brumes de sable, ondes tropicales et ouragans), les jours chômés et fériés (plus qu'en métropole), les fermetures exceptionnelles (administrations, commerces, sites touristiques), la campagne sucrière, les manifestations festives ou sociales (blocages divers), les problèmes d'eau (coupures, tours d'eau, potabilité), etc. De plus, vous aurez une meilleure représentation de la politique locale.

Je vous conseille d'écouter "Vivre ensemble autrement, Outre-mer", la série audio qui met les Outre-Mer sous le feu des projecteurs, explore leurs défis actuels et ouvre nos esprits aux solutions de demain.

https://la1ere.francetvinfo.fr/programme-audio/faire-pays-10394cae-dfb7-4322-9c2f-9964558a4bfd/

Regardez la vidéo d'Activiste Shatta : Qui sont ces "Métros" qui s'installent en Martinique ? Elle fait référence au livre "Les Métropolitains à la Martinique", un ouvrage universitaire écrit par deux chercheurs, l'un en sociologie politique au CNRS, l'autre Maître de conférences à l'Université des Antilles. 40 minutes indispensables, qui ne concernent pas que la Martinique.

https://www.youtube.com/watch?v=DnlPhi2Q2ig

Fiche n°45 - Cartes

KaruGéo, une plate-forme d'information géographique pour toute la Guadeloupe, offre une fantastique bibliothèque de cartes et un catalogue des données.

https://www.karugeo.fr/accueil

En complément, le site Karunati propose un système d'information de l'inventaire du patrimoine nature de la Guadeloupe.

https://karunati.fr/

Conclusion

Certains pourraient voir dans cette lecture des éléments contrariants, et d'autres positifs. Ces conseils sont destinés à vous aider dans votre choix de venir en Guadeloupe et vous prémunir de mauvaises surprises en effectuant les meilleurs choix.

J'ai pu constater, en discutant avec des nouveaux venus ou des prétendants au départ vers la Guadeloupe, combien ceux-ci ont une oreille attentive aux informations qui vont dans le sens de leurs désirs les plus profonds, mais qu'ils se confectionnent des œillères pour celles qui vont à leur encontre. Je suis conscient que les rêves font avancer et franchir bien des obstacles, cependant la confrontation à la réalité peut se révéler dure, avec des impacts humains et financiers négatifs que je souhaite limiter par ces conseils. Il ne faut pas pour autant mettre fin aux rêves, mais introduire un peu de rationalité et beaucoup de préparation en exploitant ces fiches thématiques.

Je n'ai pas abordé les spécificités d'une installation à Marie-Galante, les Saintes ou la Désirade, simplement parce que migrer directement sur une de ces petites îles depuis le continent comporte des difficultés supplémentaires, bien que l'aventure soit absolument possible.

N'oubliez jamais qu'en changeant de région ou de pays, il vous appartient de vous adapter. Apprécier les Antilles c'est profiter de la mer et des paysages, mais c'est aussi savoir aimer ses habitants et leurs traditions. Ils vous le rendront bien !

Je souhaite bon vent à tous les candidats à l'insularité et que l'aventure commence sous les meilleurs auspices...

Table des matières

Du même auteur

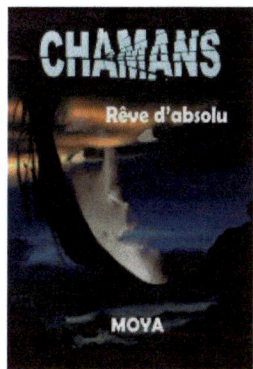

CHAMANS
Rêve d'absolu
Roman
Éditions BOD
ISBN : 978 2 3224 0273 1

CHAMANS
Pilleurs d'âmes
Roman
Éditions Underground
ISBN : 979 1 092387 46 9

CHAMANS
Genèse de la série
Roman
Éditions BOD
ISBN : 978 2 3224 3245 5

CHAMANS
L'intégrale
Roman
Kindle Direct Publishing
ISBN : 979 8 8570 7015 4

Guadeloupe
An biswen on ti-joupa
Biographie
Éditions Nestor
ISBN : 978 2 36597 339 7

Recueil d'histoires
... et puis d'autres trucs
Nouvelles et autres écrits
Éditions BOD
ISBN : 978 2 3224 3736 8

Changer de vie
Biographie
Kindle Direct Publishing
ISBN : 979 8 3958 2966 5

Pour aller plus loin dans votre réflexion, vous pouvez échanger sur ce blog et découvrir d'autres informations sur la destination Antilles :

https://groups.google.com/g/sinstaller-en-guadeloupe

Retrouvez l'auteur sur son blog :

https://moya-romans.blogspot.com

Retrouvez l'auteur sur sa page Facebook :

https://www.facebook.com/JP2MOYA